사장자리에
오른다는 것

KB066408

ATARASHI MASAMI NO SHATYOU NO KYOUKASHO
© MASAMI ATARASHI 2018

Originally published in Japan in 2018 by ChiChi Publishing Co., Ltd., TOKYO,
Korean translation rights arranged with ChiChi Publishing Co., Ltd., TOKYO,
through TOHAN CORPORATION, TOKYO, and EntersKorea Agency, SEOUL.

CEO의 서재 · 24

재능만으론
사장이
될 수 없다

사장자리에
오른다는 것

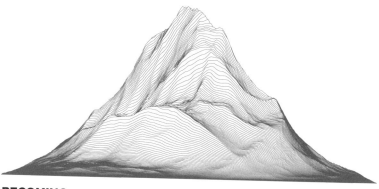

BECOMING

A LEADER

LEADERSHIP

아타라시 마사미 지음

박재영 옮김

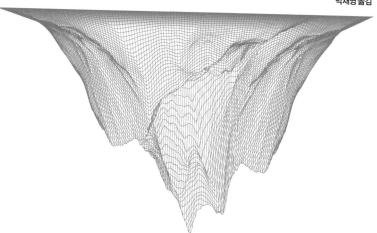

센시오

재능만으론
사장이 될 수 없다!

오랫동안 경영 현장에서 일한 결과 알게 된 중요한 사실이 하나 있다. 매출이 오르고 성장하는 기업이 있는 반면, 장래성이 없어 도산하는 기업이 있는데, 두 기업의 가장 큰 차이는 80퍼센트가 '사장의 품질'에 달려 있다는 점이다. 사장의 품질이 높은 기업은 오랫동안 고객의 사랑을 받으며 장수하지만, 그렇지 않은 기업은 단명하고 만다. 사람에게 '품질'이라고 표현하는 것이 거북하게 들릴 수 있겠지만, 아무리 돌려 말하더라도 결국 기업의 운명은 사장의 품질에 따라 정해진다. 사장자리에 오른다는 것은 그만큼 무거운 책임이 뒤따른다는 얘기다.

　품질 높은 사장이란 '재능과 덕'을 갖춘 사람을 말한다. 사장자리는 경영 능력이 뛰어나고 일을 잘 처리하기 위한 '재능'만으로 오를 수 없다. 여기에 인격, 인덕, 인간성이 뛰어나 다른 사람들에게 신뢰와 존경을 받는 '덕'을 겸비해야 한다.

'사람은 계산과 감정으로 움직인다'는 말이 있다. '그 사람 밑에서 일하면 배울 게 많다', '실력이 향상된다', '승진이 빠르고 월급도 빨리 오른다'라는 계산이 서면 부하 직원은 그 사장을 따른다. 그런데 '그 사람은 인간적으로 믿을 수 있고 존경스럽다', '그 사람과 함께 일하면 업무 의욕이 높아진다'라는 감정이 생기면 부하 직원은 진심으로 사장의 결정을 이해하고 따르게 된다.

계산은 재능이 있으면 성립하지만 감정은 오로지 덕을 쌓아야만 얻을 수 있다. 그렇다면 사장에게는 재능과 덕 중 무엇이 더 중요할까? 단도직입적으로 말하면 사장에게 필요한 것은 재능이 20퍼센트고, 덕이 80퍼센트다. 재능이라는 업무 능력보다 덕이라는 인간력(human power)이 네 배는 더 중요하다. 사장이 재능이 부족하면 재능이 뛰어난 부하 직원을 곁에 두고 부족한 부분을 만회하면 된다. 이렇듯 재능은 보완할 수 있기에 굳이 말하자면 사장에게 재능 따위는 필요가 없다. 그러나 덕은 그 사람의 고유한 자질이며, 다른 무엇으로도 대체할 수 없다.

회사가 크든 작든 사장에게는 무엇보다 덕이 필요하다. 덕은 바꿔 말하면 '인간력'이다. 직원이 '그 사람을 위해서라면 무엇이든 하겠다', '그 사람이 하는 말이라면 무조건 따르겠다'라고 느끼게 하기 위해서는 일정 정도의 재능도 필요하지만 무엇보다 덕이 있고 인간력이 높아야 한다.

이 인간력이라는 것은 'LEADERSHIP(리더십)'이라는 키워드로 설명할 수 있다. 각각의 영문 알파벳에는 두 개의 의미가 있다.

L Leadership(리더십), Liberal arts(교양)

E Education(교육), Explanation(설명 능력)

A Ambition(포부, 야심), Action(행동력)

D Delegation(권한 위임), Decision(결단력)

E Ethics(윤리관), Entrepreneurship(기업가 정신)

R Responsibility(책임), Respect(존경)

S Self-development(자기개발), Self-sacrifice(자기희생)

H Human power(인간력), Health(건강)

I Innovation(혁신), Integrity(고결함)

P Passion(열정), Popularity(덕망)

LEADERSHIP이라는 단어로 함축한 인간력 이론은 내가

50년 넘게 비즈니스 현장에서 활동하면서 찾아낸 사장의 덕목이다.

내가 이 '인간력'이라는 엄청난 명제에 몰두했을 때 가장 큰 스승이 돼주었던 것이 세 가지 있다. 오랫동안 여러 실패를 겪으면서 쌓은 경험과 직접 만난 수많은 훌륭한 경영자들, 그리고 책이다. 나는 사장자리에 올라 어떻게 회사를 경영해야 하고, 부하직원들과 관계를 맺고, 그들이 사장을 중심으로 회사의 목표를 향해 다 함께 나아가게 할 수 있을지 등 많은 질문에 대한 답을 이 스승들 덕에 찾을 수 있었다.

이 책은 이 스승들이 누누이 말하고 강조한 사장자리에 오른 사람의 자질에 대해 집대성한 것이다. 경영과 인생에 진지하게 임하는 사장들에게 조금이라도 도움이 된다면 기쁠 것이다. 읽고 공감되는 부분이 있다면 부디 실행해보길 바란다. 그리고 실행 후 조금이라도 효과를 봤다면 계속해서 실천해볼 것을 권한다. 그렇게 꾸준히 진정성을 가지고 인간력을 키우면서 처음 사장자리에 올랐을 때의 초심을 잊지 않길 바란다.

회사란 꿈으로 시작해 행동으로 완성된다

포부 · 행동력

 결정할 수 없는 사장은 사장이 아니다

권한 위임 · 결단력

회사의 이익을 높이는 방법과 존경받는 방법은 똑같다

5장

윤리관 · 기업가 정신

사장이 아니면 누가 책임질 것인가?

6장

책임 · 존경

7장

일터는 인간에 대해 배우는 가장 훌륭한 교실

자기개발 · 자기희생

 8장

건강한 회사를 만드는 사장의 조건

인간력 · 건강

9장 당신의 회사는 달라질 수 있는가?

혁신 · 고결함

 10장 사장을 위해 무엇이든 하겠다고 마음먹게 하는 법

열정 · 덕망

마무리하며

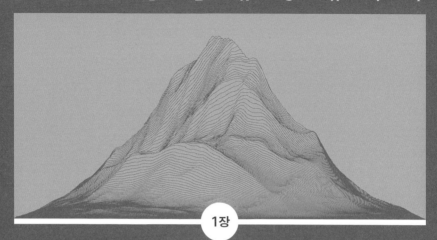

LEADERSHIP

1장

사장은
일만 잘하는 사람이 아니다

리더십 · 교양

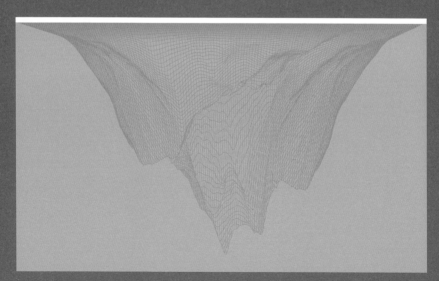

LEADERSHIP, LIBERAL ARTS

리더의 궁극적인 사명은 고객과 직원을 포함한 기업의 모든 이해관계자를 행복하게 하는 것이다. 그러기 위해서는 사람들을 정확하고 바람직한 방향으로 이끌고 갈 수 있어야 한다. 그래서 사장에게는 업무력에 더해서 인간력이 필요하다.

리더십에서 업무력은 20%, 나머지 80%는?

러시아에는 "생선은 머리부터 썩는다"라는 속담이 있다. 상류의 물이 탁한데 하류의 물이 맑은 경우는 없다. 기업이라는 강의 상류는 사장이며, 그 기업의 수질은 사장의 품질로 결정된다. 하천이 곧 큰 강이 되느냐, 도중에 물 없는 실개천이 되느냐도 사장에게 달려 있다.

기업에는 여러 명의 리더가 있다. 다만 어떤 기업이든 사장자리에 오른 사람은 그 리더들의 리더여야 한다. 그리고 너무도 당연한 말이지만 리더에게는 리더십이 필요하다. 그것은 한 부서의 리더에게도, 회사 전체를 이끌어야 하는 사장에게도 마찬가지다.

그렇다면 리더십이란 무엇일까?

과거에는 리더십을 '뒷모습으로 부하 직원을 끌고 가는 것'이라고 생각하는 사람이 많았다. 앞에 나서서 선도하는 리더의 상을 이상적이라고 생각했던 것이다. '아무 말도 하지 말고 잠자코 나만 따라 와!'라는 식이었는데, 조직의 위계질서가 엄격한 체육계에서 흔히 볼 수 있는 리더의 상이다.

그러다 최근에는 부하 직원의 말에 귀 기울이고 주변을 잘 보살피는 서번트 리더십이 인기를 끌고 있다.

원래 리더란 '이끄는 사람'이라는 뜻이다. 따라서 사람을 이끌려면 먼저 이끌리는 사람이 있어야 한다. 리더를 이해하고 주체적, 적극적으로 '이 사람을 위해서라면 무엇이든 하겠다'라는 마음으로 기꺼이 따라오는 사람, 즉 추종자가 있어야 한다.

추종자가 없는 리더는 있을 수 없다. 권력의 자리에 앉아 있는 동안에는 말만 하면 많은 사람들이 따랐었는데 힘을 잃어감에 따라 추종자가 한 명, 두 명 줄어들기 시작해 결국에는 아무도 없는 상태가 되었다면 이런 사람은 리더의 조건을 충족했다고 할 수 없다. 또 지시와 명령의 관계로, 부하 직원이 따라오기만 하는 상사도 리더십의 중요한 부분을 놓치고 있다고 할 수 있다.

힘든 상황에서도
부하 직원을 끌고 갈 수 있는 힘

진짜 리더는 부하 직원이 서로의 지위나 입장, 이해득실을 넘어서 '그 사람이 하는 말은 믿을 수 있다', '그 사람을 위해서라면 무엇이든 하겠다'라고 진심으로 신뢰하고 기꺼이 따를 수 있는 사람이다. 이것이 리더십의 핵심이다. 즉 리더십의 가장 중요한 요건은 인간력이다. 또 인간력을 높이려면 그 본질인 '인간이란 무엇인가'를 깊이 생각하고, 터득한 것을 실천해야 한다.

리더십에서 인간력은 필요조건이기는 하지만 충분조건은 아니다. 인간력만으로는 진정한 리더가 될 수 없다. 직원들이 기꺼이 따라올 때 그들을 잘못된 방향으로 이끌면 자신은 물론 직원들까지 불행하게 만들 수 있다.

리더의 궁극적인 사명은 고객과 직원을 포함한 기업의 모든 이해관계자를 행복하게 하는 것이다. 그러기 위해서는 사람들을 정확하고 바람직한 방향으로 이끌고 갈 수 있어야 한다. 그래서 사장에게는 업무력에 더해서 인간력이 필요하다. 그때 비로소 리더십의 충분조건이 성립되는 것이다.

그렇다면 사장자리에 오른 사람에게 업무력과 인간력 중 어느 쪽이 더 중요할까?

사장은 그것이 옳은 길이라면 직원에게 경사가 급한 언덕을 올라가게 할 수 있어야 하고, 비가 내리는 와중에도 다음 목적지까지 쉬지 않고 걷게 할 수 있어야 한다. 이렇게 힘든 상황에서도 모든 사람을 끌고 갈 수 있는 힘은 업무력이 아니라 인간력에서 나온다. 따라서 리더십이란 업무력이 20퍼센트, 인간력이 80퍼센트를 차지한다. 이는 나서서 선도하는 리더든 서번트 리더십을 발휘하는 리더든 누구에게나 마찬가지다.

일류 사장은 사장 자신을
무용지물화할 수 있는 사람

사람은 크게 네 가지 유형으로 나뉜다. 그 네 가지는 '대인(大人)', '재인(才人)', '풋내기', '우인(愚人)'이다.

재인은 재주가 있는 유능한 사람을 말한다. '재인'의 '재(才)'는 '재능', '기지', '센스'를 뜻하는데, 한편으로는 '겨우'라는 의미도 가지고 있다. 말하자면 재인은 능력, 재능은 뛰어나지만 인간력, 즉 덕은 없는 유형이다.

전문적인 업무를 수행할 때 재인은 존재감을 드러내며, 그럴 만한 가치가 있다. 기업에서 법률이나 회계 업무 등 개인의 전문성을 발휘해야 하는 경우에는 재인이 두각을 나타낸다.

그러나 팀으로 일하고 결과를 내야 하는 경우에는 단순히 개인의 전문 지식이나 기술보다 팀의 능력을 배가시키기 위한 힘이 필요하다.

그룹과 팀의 차이는 무엇일까? 이론적으로 말하면 그룹이란 '사람의 무리'를 뜻한다. 여러 사람이 모여서 일을 하면 그것은 그룹이 된다. 그런데 그 사람들이 같은 목적과 목표, 방향성을 공

도표 1 재인, 풋내기, 대인, 우인 매트릭스

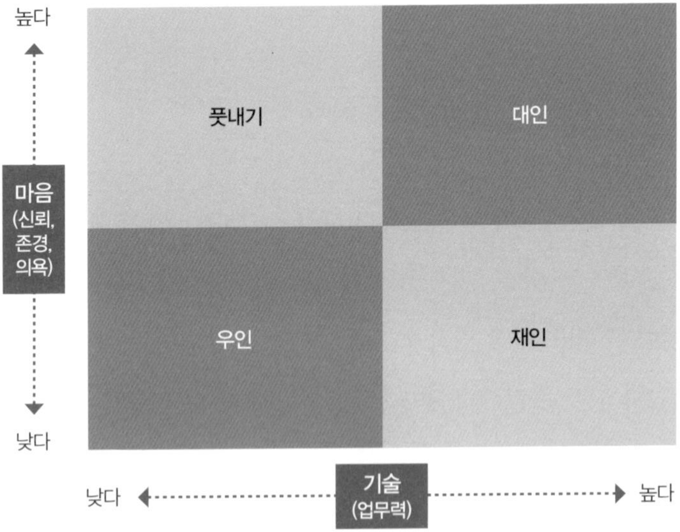

유하면 팀이 된다. 회사에 필요한 것은 그룹이 아니라 팀이다.

팀원 모두를 옳은 방향으로 이끄는 것은 기술이 있다고 되는 것이 아니다. 기술에만 치우친 사람은 '능력이 있는 사람'이다. 그러나 이런 사람은 전문가, 장인(匠人)으로는 통해도 리더는 될 수 없다.

덕만 있다고
사장 역할을 할 수 있는 것은 아니다

흔히 '일 잘하는 사람보다 덕 있는 사람이 되어야 한다'고들 말한다. 능력보다 덕이 있어야 한다는 말인데, 덕만 있다고 사장의 역할을 감당할 수 있는 것은 아니다. 덕만 있는 사람은 '군자'다. 맹자는 군자를 일러 '인의예지가 있는 사람'이라고 했다. 즉 어질고, 의롭고, 예의 바르고, 지혜로운 사람을 군자라 칭했다.

예절 바른 사람은 사회인으로서는 더할 나위 없이 훌륭하다. 하지만 한 기업이나 한 부서를 이끄는 대표로서는 역부족이며, 때로는 판단을 잘못하는 경우도 있다. 잘못 판단하더라도 훌륭한 사람인 만큼 몇몇 부하 직원은 그 뒤를 계속 따를 것이다. 그런데 이런 경우 대부분은 여러 사람을 불행의 길로 이끌고 만다.

성격은 좋지만 업무력이 낮은 사람은 리더로서 실격이다. 리더는 업무력과 인간력을 겸비한 '대인', 즉 '능력 있고 인품 좋은 사람'이어야 한다. 업무력과 인간력을 다 갖춘 대인이야말로 회사의 대표가 지향해야 하는 리더의 상이다.

그런데 만약 사장에게 업무력이 부족하다면 그 부족한 부분은 사장을 대신할 만한 사람에게 업무의 일부를 맡기는 것으로 보완할 수 있다. 자신 없는 업무일 경우 다른 사람들의 의견에 귀 기울여 의사 결정을 하고, 때로는 재능 있는 사람에게 맡김으로써 최선의 결과를 얻을 수 있다.

이렇게 다른 사람의 힘을 이용하는 '용병술'은 최고의 리더가 반드시 갖추어야 할 능력이다. 또 전문 지식이나 기능 이상으로 사장이 갖추어야 할 것은 사람을 간파하는 통찰력이다.

그럼 통찰력을 향상시키려면 어떻게 해야 할까? 바로 인간에 대해 알아야 한다. 그런데 사람의 재능을 간파하더라도 그와 함께하지 못하면 그 사람의 재능을 활용할 수 없다. 그와 함께하며 재능을 발휘하게 하려면 어떻게 해야 할까? 그가 '이 사람을 위해서라면 무엇이든 하겠다'라며 기꺼이 응하는 것은 사장의 인간력에 끌렸을 때뿐이다.

그런데 재인은 업무 기량이나 실력은 뛰어나지만 다른 사람이 봤을 때 기꺼이 힘을 빌려주고 싶은 마음이 들게 하는 인간력은 부족하다. 한편 예의 바르고 인품 좋은 군자는 인간적으로나 인격적으로는 훌륭해서 다른 사람들에게 신뢰와 존경을 받지만 업무 능력은 평범하다. 따라서 많은 사람들을 격려하고 모든 사람의 힘을 모을 수 있으려면 능력 있고 인품 좋은 사람, 즉 대인이 되어야 한다.

삼류 리더는 부하 직원을 질책하고 격려해서 행동하게 하는 사람이다. 이류 리더는 나아가야 할 방향을 부하 직원에게 제시하고 이해시켜서 일정한 방향으로 이끌고 가는 사람이다. 일류 리더는 수많은 부하 직원들을 리더로 키워서 자신이 자리를 비워도 일을 순조롭게 처리할 수 있는 인재 및 시스템을 육성하는 사람이다. 극단적으로 말하자면 리더 자신을 무용지물화할 수 있는 사람이다.

당신은 샐러리맨인가? 비즈니스맨인가?

샐러리맨과 비즈니스맨은 본질적으로 차이가 있다. 그 차이는 무엇일까?

샐러리맨은 회사에 일하러 가는 사람이다. 정해진 시간에 정해진 일을 하는 사람이며, 때로는 잔업을 하기도 한다. 샐러리맨인 상사 밑에서 일하는 부하 직원은 상사에게 지시받은 일과 정해진 일만 처리한다. 그렇기 때문에 상사도 부하 직원도 리더십을 발휘할 필요가 없다. 이렇듯 실패를 피해 정해진 틀 안에서 정해진 일을 무난하게 처리하는 것이 샐러리맨이다.

반면 비즈니스맨은 회사에 결과를 만들러 가는 사람이다. 그것도 그냥 단순한 결과가 아니다. 내야 할 결과에 기대치 이상의 부가가치를 더할 수 있는 사람이다. 무언가를 이루고자 하는 의욕과 능력을 바탕으로 '플러스알파'를 만들어내는 비즈니스맨은 부가가치를 만들기 위해 때로는 전례 없는 일에도 도전한다. 따라서 리더라면 샐러리맨이 아니라 비즈니스맨이 되어야 하는 것은 당연하다.

팀이 도전하는 용기를
갖게 하는 방법

전례 없는 일에 도전해서 결과를 내려면 리더에게 강한 리더십이 필요하다. 그러나 여기서 말하는 도전은 목표를 달성하기 위해 수단과 방법을 가리지 않는 부정한 방식의 도전을 말하는 것이 아니다. 목표를 달성하기 위한 과정 자체도 옳은 도전이어야 한다.

사람은 경험하지 않은 일, 미지의 분야에 뛰어드는 데 두려움을 느낀다. 도전에는 늘 '실패할지 모른다'라는 불안이 따르기 마련이기 때문이다. 따라서 미지의 분야에 도전할 때는 용기가 필요한데, 팀으로 도전할 때는 팀 전체에 용기를 불러일으킬 수 있어야 한다. 그러기 위해서는 회사 내에 '이대로 가다가는 미래가 없다', '현상을 인정하는 것만으로는 망하고 말 것이다'라는 위기감이 조성되어야 한다. 즉 '건전한 위기의식'이 필요하다.

도전하려면 리더 스스로가 먼저 용기와 각오를 보여주어야 한다. 그런 다음 팀원 한 명 한 명을 '할 수 있어!'라고 격려하고, '도전하면 우리 회사는 이렇게 될 것'이라는 희망을 갖게 해야 한다. 비전을 제시하면 사람의 마음속에는 의욕이 불타오르게 마련이다.

프로가 될 것인가
아마추어가 될 것인가?

리더 중 최고의 리더인 사장에게는 당연히 샐러리맨이 아닌 비즈니스맨으로서의 리더십이 필요하다.

회사에 결과를 만들러 가는 비즈니스맨은 자신의 머리로 생각하고 자신의 발로 서서 자신의 팔로 일해 결과를 내는 사람이다. 이런 사람을 우리는 '프로(PRO)'라고 한다. 프로에 비해 아마추어는 회사의 명함으로 일하는 사람이다. 사실 세상에는 이런 사람이 더 많다. 그러나 비즈니스맨이라면 프로여야 한다.

프로가 되기 위해서는 어떻게 해야 할까? 나는 다음의 세 가지를 꾸준히 실천할 것을 권한다.

- P(Positive): 긍정적이다. '그러니까 안 돼!'라는 말은 하지 않는다. '어떻게 하면 할 수 있을까?'라고 생각한다.
- R(Responsibility): 모든 일이 자신의 책임이라고 생각한다.
- O(Objective): 장·단기 목표를 갖고 계속 도전한다.

이런 덕목을 갖춘 프로 비즈니스맨만이 진정한 리더십을 발휘할 수 있다.

사장자리에서 해선 안 될
6가지 행동

리더십의 핵심에는 인간력이 있다. 그렇다면 리더에게 필요한 인간력이란 무엇일까? 그것이 이 책에서 밝혀야 할 주제다.

리더에게 필요한 인간력이라는 것은 사실 진부하면서도 새로운 주제다. 우리의 선조들은 다른 사람보다 우월한 위치에 있는 사람의 이상적인 자세를 《논어》와 《대학》 등을 통해 터득해왔다. 《논어》와 《대학》에서는 인간이 갖추어야 할 '바람직한 행동'을 제시하는데, 그토록 오랜 세월 동안 공부해왔음에도 우리의 인간력은 좀처럼 진보되지 않고 있다.

우리는 다른 사람보다 앞서가는 위치에 있을 때 그동안 배우고 익힌 바람직한 행동 대신 자신도 모르게 '있을 수 없는 행동'을 하곤 한다. 다른 사람보다 우월한 위치에 있는 사람이 저지르기 쉬운 '있을 수 없는 행동'이란 다음과 같다.

1. 늘 다른 사람을 이기고 싶어 한다

다른 사람보다 우월한 사장이나 리더는 경험과 실적이 있는 실력자다. 이른바 승리의 역사를 써온 사람들이다. 그렇기에 다른 사람에게 지는 것을 극도로 싫어한다. 이런 마음은 역경을 극복하는 지렛대 역할을 하는 반면 자기중심적인 인간으로 자신을 몰아넣으며, 자칫 하면 늘 다른 사람을 밀어내는 속 좁은 인간이 되게 할 우려가 있다. 업무 기량인 능력은 있어도 인간적인 기량인 수용력은 부족하다.

2. 자기 잘못을 지적하는 말을 듣기 싫어한다

이 또한 다른 사람보다 우월한 위치에 있는 사람이 빠지기 쉬운 함정이다. 사장이나 리더가 이런 상황이라면 반대 의견을 말하거나 이의를 제기하거나 바른말을 하는 사람은 기피하게 된다. 대신 달콤한 말만 하는 '예스맨'이나 매사를 얼렁뚱땅 넘기려는 사람을 가까이하게 된다.

사장이나 리더가 아부나 칭찬만 들으면 점점 실태를 제대로 파악하지 못하게 되고 결국에는 '벌거벗은 임금님' 꼴이 되고 만다. 결과적으로 자신을 망치고 회사까지 망친다. 따라서 사장은 중요한 사안일수록 '예스'라고 하는 사람의 말이 아니라 '노'라고 하는 사람의 말에 귀 기울여야 한다.

3. 말을 많이 한다

사장이나 리더는 부하 직원에게 존경받는 존재다. 부하 직원은 사장이나 리더가 하는 말을 존중하고 적극적으로 귀 기울인다. 이렇게 다른 사람이 자신의 이야기를 열심히 들어준다는 것은 누구에게나 기분 좋은 일이다. 자신의 우월감과 존재감을 자극하기 때문이다.

그래서 사장이나 리더는 말을 많이 한다. 그러나 그것은 인간력을 높이는 데는 도움이 되지 않는다. 공자도 "말을 잘 꾸미고 얼굴빛을 좋게 하는 사람 가운데는 어진 이가 적다"라고 말하지 않았는가.

사장이나 리더는 영리하고 말을 잘하는 사람이기보다 '듣기의 달인'이어야 한다. 적게 말하고 많이 듣는 사람이어야 하는 것이다. 듣기 80퍼센트, 말하기 20퍼센트가 바람직하지만 많은 경영자들이 듣기 10퍼센트, 말하기 90퍼센트, 심하면 듣기 0퍼센트, 말하기 100퍼센트를 실천한다. 듣지는 않고 말을 많이 하는 사람인 것이다. 신은 인간에게 한 개의 입, 두 개의 귀, 두 개의 눈을 주었다. 잘 보고 잘 듣는 것이 말하는 것보다 네 배나 중요하다는 뜻일 것이다. 그러니 신의 섭리를 거스르는 사람은 최후가 그다지 좋지 않다는 것을 늘 기억하자.

4. 영리함을 자랑한다

이른바 수재형 사장이나 자칭 '지식인'에게서 이런 폐단을 흔히 볼 수 있다. 명나라 말기의 유학자 여신오는 "침착하고 말없이 진중한 것은 1등의 자질이고, 호방하고 잔 것에 구애받지 않는 것은 2등의 자질이며, 머리 좋고 민첩하며 말을 잘하는 것은 3등의 자질이다"라고 했다. 영리하거나 연설 등을 잘하는 것은 훌륭한 자질이다. 하지만 학문적인 지식은 기술에 지나지 않는다. 기술만으로는 다른 사람이 기꺼이 따르게 하지 못한다.

아이러니하게도 진짜 머리가 좋은 사람은 자신이 똑똑하다고 생각하지 않는다. 아직 부족하다고 느낀다. 머리가 나쁜 사람일수록 자신이 똑똑하다고 생각한다.

5. 일부러 위엄 있는 척한다

대부분의 사장이나 리더는 부하 직원들에게 훌륭한 사람으로 인정받고 싶어 한다. 그래서 의식적으로 위엄을 유지하려고 한다. 그러나 위엄이란 주위 사람이 '위엄이 있다'고 느끼는 것이지 스스로 꾸민다고 생기는 것이 아니다. 정말로 위엄이 있는 사람은 자연스럽게 행동하는 데도 불구하고 어딘지 모르게 위엄이 감돈다. 리더는 다른 사람에게 사랑받기만 해서는 안 된다. 사랑과 함께 경외심이 더해져야 한다.

6. 제멋대로이며, 고집을 부린다

공정하게 판단하고 평가해야 할 일을 자의적으로 결정하는 것도 사장이나 리더가 저지르기 쉬운 잘못이다. 사사로운 의리나 인정에 끌려 인사를 단행하는 것도 그중 한 예다.

다른 사람보다 우월한 위치에 있는 사람은 극도로 높은 윤리의식을 갖추고 있어야 한다. 사장이나 리더에게 투철한 윤리의식이 필요한 것은 도덕적 당위성 때문만이 아니다. 그렇게 하지 않으면 조직이 약해지기 때문이다.

리더에게는 다른 사람의 의견에 충분히 귀 기울인 후 자신의 신념과 가치관으로 자기를 정립하는, 즉 '나는 이렇다'라는 자신만의 방식이 필요하다. 하지만 개인의 호불호가 우선되어서는 안 된다.

인간력은
습관의 결과

반대로 위의 행동들을 의식적으로 멀리하면 다른 사람보다 우월한 사람의 격에 맞는 조건을 충족시킬 수 있다.

그러나 이런 있을 수 없는 행동들은 그리 쉽게 없앨 수 있는 것이 아니다. 예를 들면 한 달 동안 앞에서 말한 여섯 가지 악폐를 의식적으로 피할 수는 있다. 6개월 동안 유지하는 것도 가능하다. 하지만 1년 동안도 유지할 수 있을까? 1년간 한 번도 위에서 말한 여섯 가지 중 하나라도 저지르지 않기는 의외로 어렵다.

스위스의 작가 아미엘은 "생활은 습관이 짜낸 천에 불과하다"라고 한 바 있다. 그만큼 습관으로 자리 잡지 않으면 겉으로 드러나게 돼 있다. 사람의 인생이 습관의 결과인 것과 마찬가지로 인간력도 습관의 결과다. 여섯 가지 악폐를 멀리하는 습관을 들여야 비로소 인간력으로 변환된다.

습관을 바꾸려면 어떻게 해야 할까? '의식이 달라지면 태도가 달라지고, 태도가 달라지면 습관이 달라진다. 습관이 달라지면 인격이 달라지고, 인격이 달라지면 인생이 달라진다'는 말이 있다. 그러니 먼저 의식을 바꾸는 것이 중요하다.

의식을 크게 바꾸는 것을 '의식 개혁'이라고 하는데, 올바른 의식 개혁을 위해서는 올바른 문제의식을 가져야 한다. 올바른 문제의식을 가지려면 깊고 넓게 꾸준히 배워야 한다. 무엇을 배우면 좋을까? 그것은 '인간'에 대해서다. '인간은 무엇인가'를 배워야 올바른 의식, 올바른 태도, 올바른 습관을 기를 수 있다.

그리고 올바른 습관은 올바른 인간력을 키운다. 즉 인간학이야말로 인간력의 출발점이다.

리더에게
카리스마가 없어도 괜찮을까?

보통은 인간력이 높은 리더를 보면 카리스마가 강한 인물일 거라고 생각하기 쉽다. 이를테면 진시황제, 오다 노부나가, 나폴레옹 1세 등을 떠올릴 수 있다. 그러나 그들이 정권을 잡았던 기간은 하나같이 짧았다. 기업을 보더라도 경영자가 카리스마로 유명한 회사는 의외로 1대 이상 유지되지 못한 곳이 많다.

신은 절대적이다. 리더가 신격화되면 아무도 리더에게 이의를 제기하지 않는다. 잘못을 지적하거나 쓴소리, 충고도 하지 않는다. 주변에는 신을 받들어 모시는 예스맨만 모여들 뿐이다.

이런 리더에게 정보가 충분할 리 있을까? 기껏 접하는 정보는 모방하거나 꾸며낸 것일 가능성이 높다. 게다가 자신은 정보가 부족하다는 사실을 알지 못한다.

제대로 된 정보를 갖지 못한다는 것은 리더에게는 치명적이다. 정보가 부족하면 올바른 경영을 할 수 없기 때문에 리더 자신뿐 아니라 뒤따르는 사람들까지 위험에 빠뜨리게 된다. 카리스마 경영을 하는 사장은 이렇듯 정보 부족이라는 함정에 빠지기 쉽다.

진정한 인간력은
담식의 축적

카리스마는 결과다. 카리스마가 있는 리더는 기업 경영자뿐 아니라 대부분 훌륭한 실적을 거둬왔다. 또한 다른 사람들이 경외심을 갖고 바라본다. 결과적으로 사람들이 신격화하는 만큼 신뢰도 두텁다.

주위에서 카리스마 있다고 우러러볼 정도로 실적을 올리는 것은 바람직하기도 하고 필요하기도 하다. 문제는 자신을 점점 신격화하는 경우다. 사람은 주변 사람들로부터 존경받고 칭찬받으면 자신도 모르는 사이에 자신을 신격화하는 경향이 있다. 이런 마음은 쉽게 끊어내기 어렵다. 그러나 이런 상황이 지속되면 갈수록 자신이 보이지 않게 된다.

이럴 때일수록 현실을 더욱 냉정하게 바라볼 수 있어야 한다. 그러기 위해서 필요한 것이 바로 자제력과 담식(膽識)이다. 어떤 대상에 대해 배우거나 실천하면서 알게 된 것은 '지식(知識)'이라고 한다. 지식에 자신의 경험과 깨달음이 더해지면 '견식(見識)'이 된다. 그리고 그 견식에 결단력과 행동력이 더해지면 '담식'이 된다. 담식의 많고 적음은 인간력의 크기를 결정하는 요인이기도 하다.

자신을 신격화하고 싶어 하는 심리는 과거의 공적과 실적 때문이다. 그러나 과거의 성과는 그저 과거의 기록에 지나지 않는다. 그 성과에 우쭐해하는 사람은 권위를 내세울 수는 있어도 지속성 있는 담식을 갖추지는 못한다. 진정한 인간력을 갖춘 사람은 카리스마가 아니라 지속성 있는 담식을 갖춘 사람이다.

카리스마와 지속성 있는 담식을 함께 갖추면 그야말로 호랑이에게 날개를 달아준 것과 같지만 역사 속 인물을 보더라도 그런 사람을 찾기는 하늘의 별따기다. 리더에게 성과는 필요하지만 카리스마가 있기를 바랄 필요는 없다. 카리스마를 바란다는 것은 그릇됨 없는 절대성을 바라는 것과 같다. 이는 신의 영역이며, 사람으로서는 불가능한 일이다.

　이런 신격화는 멀리하는 것이 좋다. 리더에게 카리스마는 필요 없다. 한순간 화려한 꽃을 피우지만 열매를 맺지 못하는 나무로 끝나기 쉽기 때문이다. 오히려 일류 경영자가 된 후에도 성실하게 현장에 찾아다니며 직원들에게 스스럼없이 말을 걸었던 소니의 창업자 이부카 마사루, 혼다의 창업자 혼다 소이치로처럼 지속성 있는 담식을 갖춘 사람을 롤모델로 삼아야 한다. 인간력이란 이들처럼 잘난 척하거나 교만하지 않은 사람이 갖고 있는 힘이다.

쓸모없는 지식을
갖출 줄 아는 게 지혜다

담식이 축적되면 인간력이 된다. 따라서 인간력을 높이기 위해서는 담식을 구성하는 요소인 지식과 견식도 지속적으로 높여야 한다. 우리는 지식, 견식이 교양의 근원이라고 알고 있다. 즉 담식을 높이려면 교양을 높여야 한다.

그런데 때때로 사람은 자존심만 높아서 교양이 자존심을 따라잡지 못한다. 또 지혜는 없는데 욕심만 많은 경우도 있다. 이상과 현실은 반드시 일치한다고 할 수 없다. 이 세상은 이처럼 뜻대로 되지 않는다.

리더라면 자존심과 욕심은 일단 묻어두고 교양을 쌓고 지혜를 갖추어야 한다. 그러기 위해서는 자기에 대한 깊은 연구가 필요하다.

교양이란 다양한 경험과 함께 철학, 역사 등의 학문을 공부하고 지성까지 갖춰서 현상의 본질을 간파하는 예민한 감성을 연마하는 것이다. 마치 전골 요리의 마지막 국물과도 같다. 전골 요리의 마지막 국물은 요리에 들어간 모든 재료에서 배어나온 온갖 맛이 섞여 있어서 걸쭉하면서도 감칠맛이 난다. 그와 동시에 교양이란 큰 산을 떠받치는 기슭이자 들판이다. 산기슭의 들판처럼 큰 산의 정상을 떠받치는 폭과 넓이, 깊이가 필요하다.

교양이란
본질을 간파하는 힘

전골 요리의 마지막 국물처럼 사물의 본질은 단순한 지식이 아닌 큰 산기슭의 들판처럼 저변이 넓은 깊이 있는 교양을 갖추고 있어야 간파할 수 있다. 백과사전이나 인터넷에서 얻을 수 있는 지식으로는 사물의 표면을 건드릴 수 있다. 그러나 사물의 핵심에 이르는 본질을 파악하려면 교양이 필요하다.

톰 피터스는 저서 《우수 배당 *The excellence dividend*》에서 입사한 지 20년 된 사람들 중 MBA를 보유한 사람보다 교양학부 출신인 사람이 더 빨리, 더 높이 출세한다고 했다.

지식은 있지만 교양이 부족한 사람은 어떤 사물이나 현상의 표면적인 변화에 우왕좌왕할 뿐이며, 향후 일이 어떻게 전개될지 예상하지 못하기 때문에 침착하게 판단할 수 없고 적절하게 행동하지 못한다. 지식은 있어서 표면적인 변화에 대해서는 알지만 본질을 파악하지 못하기 때문에 냉정하게 판단하지 못해 앞일을 예측할 수 없다. 일의 본질을 파악하는 진정한 교양을 갖춘 사람은 경거망동하지 않는 사람이다.

진정한 교양을 익히려면 학문뿐 아니라 음악과 회화, 조각 등 예술에도 조예가 깊을 뿐 아니라 쓸모없는 지식도 갖추어야 한다. 쓸모 있는 지식만 지식이 아니다. 쓸모없는 지식도 중요한 지식이다. 그렇다면 쓸모없는 지식이란 무엇일까?

먼 옛날에 '능률'이라는 개념이 처음 탄생했을 때는 종이에 빈곳이라고는 없이 정보를 빼곡하게 채워 넣어야 낭비가 없고 능률이 좋다고 판단했다. 문장의 줄 바꾸기도 전혀 없고 행간을 비우거나 주위에 여백도 없는 상태일 때 능률이 높다고 봤다. 이런 상태는 확실히 낭비가 없다. 하지만 읽기는 힘들다. 즉 정보가 전달되기 어렵다는 뜻이다. 따라서 정보를 공유하고 재현하려는 목적에서 보면 부적합한 방식이다. 이렇게 하면 능률이나 효율은 높아도 효과와 생산성은 낮다. 덧붙이자면 생산성은 효과와 능률이 동시에 높은 상태를 말한다.

여백이나 줄 바꾸기가 쓸모없는 것처럼 보이지만, 그 쓸모없는 것이 목적에 따라서는 일에 크게 공헌하기도 한다. 바꿔 말하자면 교양이란 인생의 여백과 같다. 교양을 구성하는 요소에는 이처럼 쓸모없는 지식도 포함된다.

그럼 이렇게 넓이와 깊이가 있는 교양을 익히려면 어떤 마음가짐으로 매사를 배워야 할까? 나는 늘 '세 개의 눈'을 마음에 새기라고 사람들에게 권한다. 세 개의 눈이란 곤충의 눈, 새의 눈, 물고기의 눈이다.

'신은 세밀한 부분에 깃들어 있다'는 말이 있다. 즉, 곤충의 눈을 가지라는 것은 사물의 세밀한 부분에 주목해서 관찰하고 생각하라는 말이다. 새의 눈을 가지라는 것은 새가 하늘 높은 곳에서 세상을 조망하듯 매사에 전체상을 파악하고 임하라는 의미다. 또 물고기의 눈을 마음에 새기라는 말은 보이지 않는 것을 보는 눈을 가지라는 말이다. 물고기의 몸에는 수질, 물줄기의 변화를 감지하는 옆줄이라는 센서가 있다. 세계의 변화, 시대의 변화, 사람들의 변화를 민감하게 감지할 때 필요한 것이 바로 물고기의 눈이다.

하루 네 번의 식사,
그중 네 번째는 활자로!

진정한 교양을 올바르게 익히기 위해서는 이 세 개의 눈을 마음에 새기고 매사에 임할 것을 권한다. 그리고 또 한 가지 가까이 해야 할 것이 있는데, 바로 책이다. 앞에서 말했듯이 행동은 습관이 될 때 힘을 발휘한다. 독서라는 행동을 습관화하면 교양은 더욱 깊어진다. 그러기 위해서는 하루에 네 번 밥을 먹어야 한다. 세 번은 진짜 밥을 먹고, 네 번째는 활자로 식사를 하라는 뜻이다.

습관적으로 하루에 한 시간은 책을 읽도록 하자. 종이 책 대신 전자책을 읽어도 상관없다. 책을 읽지 않는 사람은 절대로 성장하지 않는다. 그런데 책만 읽고 일하지 않는 사람은 더욱 성장하지 않는다.

책을 읽는 습관은 인생을 풍요롭게 하는 귀중한 재산이다. 인생에서 독서를 시작하기에 가장 좋은 시기는 언제일까? 교양을 높이기 위한 습관은 언제부터 들이면 좋을까? 그날은 바로 '오늘'이다.

인생은 되돌릴 수 없다.
하지만 다시 시작할 수는 있다

인생을 돌아보면 '그때 이렇게 했으면 좋았을 텐데'라고 생각
되는 시기가 있다. 그러나 아무리 후회해도 예전으로 돌아가 실
패를 만회할 수는 없다. 할 수 있는 것은 미래를 향해 다시 한 번
도전하는 것뿐이다. 지난날의 실패는 이렇게 무언가에 다시 한
번 도전할 때 유용할 수 있다. 지난 일을 반성하고 지난 일에서
배우지 않는 사람은 기회를 얻더라도 그 기회를 살리지 못한다.
공자는 "잘못을 저지르고도 고치지 않는 것이 진정한 잘못이
다"라고 했다. 실패를 했다면 그것을 순순히 인정하고 다시 시

작하면 될 일이다.

지금까지 과거에서 배우기를 소홀히 한 사람이 다시 시작하려면 어떻게 해야 할까? 바로 지금 이 순간부터 배워야 한다. 계속 공부하고 배움을 습관화하면 진짜 다시 시작할 수 있다. 미래를 향해 전념하는 경험을 축적하는 것이 중요하다. '지금 여기'에 최선을 다하는 것이다.

교양을 쌓는 것도 마찬가지다. 교양을 뜻하는 'culture'라는 영어 단어는 라틴어로 '일구다'라는 뜻의 'colere'가 그 어원이다. 영어 'culture'는 '땅을 일구다'라는 의미에서 '마음을 키우다'라는 의미로 파생되었고, 오늘날 문화와 교양을 의미하게 되었다.

매사에 그 본질을
파악할 힘을 기르는 방법

마음을 키운다는 것은 그곳에 씨를 뿌리고, 그 씨가 뿌리를 내려 싹을 틔우고 머지않아 꽃과 열매를 맺게 한다는 것이다. 말하자면 교양이란 마음의 토양을 풍요롭게 하는 것, 즉 마음을 만드는 것이다.

공자는 "마음에 있지 않으면 보아도 보이지 않고, 들어도 들리지 않으며, 먹어도 그 맛을 모른다"라고 했다. 배울 마음이 없는 사람은 어떤 교훈을 얻더라도 그 결실을 맺지 못한다.

교양 자체가 꽃과 열매가 되는 것은 아니다. 교양을 통해 마음이 성장해 교훈의 씨앗이 뿌리내리고 꽃을 피운 후 열매를 맺을 준비가 되는 것이다.

교양이 있어야 비로소 작은 일이라도 매사에 그 본질을 파악할 힘이 싹튼다. 따라서 교양은 교육과 다르다. 교육은 다른 사람에게서 얻는 것이지만 교양은 스스로 깊이 파고드는 것이다. 이처럼 자립한 인간만이 진정한 교양을 터득할 수 있다.

배워야 할 것과
배우지 않아도 될 것

그런데 세상에는 배울 가치가 있는 진짜와 배울 가치가 없는 가짜가 있다. 어떻게 진짜와 가짜를 구분할 수 있을까? 내가 진짜인지 가짜인지 구분하는 기준으로 삼는 것은 일본의 한학자 야스오카 마사히로가 좌우명으로 삼았던 '육중관(六中観)'이다.

1 **사중유활**(死中有活): '사지에 들어가도 살길이 열린다. 빈둥빈둥 50년, 70년을 보내면 그게 무슨 인생인가?'라는 의미다. 위기는 사실 도전하기 위한 기회라는 것을 알아야 한다.

2 **고중유락**(苦中有樂): '빈곤해도 괴롭기만 한 것은 아니다. 빈곤 속에서도 즐거움이 있다'는 의미다. 진짜 즐거움은 고생을 알아야 알 수 있다.

3 **망중유한**(忙中有閑): '참된 한가로움은 바쁜 가운데 있다'는 뜻이다. 매우 바쁠 때 비로소 한가로움의 가치를 알 수 있다. 쓸모없는 일을 발견하는 단서도 여기에 있다.

4 **호중유천**(壺中有天): 중국 송나라 범엽이 편찬한 《후한서》에 나오는 구절로, 직역하면 '호리병 속에도 하늘이 있다'는 뜻이다. 주위를 아무리 벽으로 에워싸도 머리 위에는 푸른 하늘이 있다. 즉 사면초가라도 긍정적으로 사고하면 마음이 꺾이지 않는다는 뜻이다. 옛말에 '하늘이 무너져도 솟아날 구멍이 있다'고 하지 않던가.

5 **의중유인**(意中有人): '늘 마음속에 믿는 사람이 있다'는 뜻이다. 진짜와 가짜를 구분하기 위해 참된 지혜를 얻으려면 정말로 믿을 수 있는 인생의 스승(멘토)을 갖는 것만큼 좋은 방법이 없다.

6 **복중유서**(腹中有書): '뱃속에 간직한 철학이 있다'는 말이다.

인생의 지침이 될 만한 책을 찾고 그 책을 늘 곁에 두면 모든 일의 본질, 진짜 지혜와 가짜 지혜를 구분하는 단서가 된다. 즉 '북 멘토(book mentor)'를 가지라는 의미다. 인간 멘토는 우연이나 운이 따라야 만날 수 있지만, 북 멘토는 찾으려고 마음만 먹으면 만날 수 있다. 우연이 아니라 필연인 것이다.

이 여섯 가지에 해당되는 지혜와 지식, 정보라면 그것이 무엇이든 적극적으로 배워서 자기 것으로 만들도록 하자.

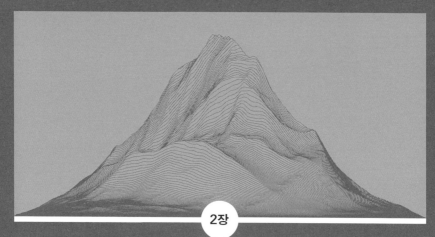

2장

사장 혼자 할 수 있는 일은 아무것도 없다

교육 · 설명 능력

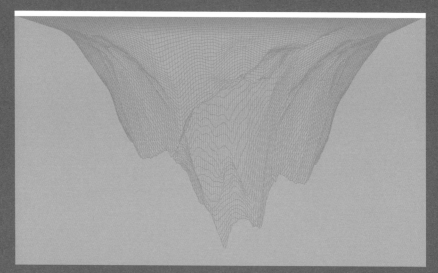

납득해서 움직이는 경우에는 상사의 명령이
나 부탁 때문에 하는 것이라 해도 부하 직원
에게 그 일은 이미 자신의 일이다. 그때 직원
들은 스스로 주체적으로 일에 임한다. 이렇게
납득한 뒤 앞으로 나아가는 직원은 뒤를 돌아
보지 않는다.

GE의 전 CEO 잭 웰치가
직원 교육에 적극적이었던 이유

20세기 최고의 경영자로 정평이 나 있는 GE의 전 CEO 잭 웰치는 크로톤빌이라는 연수원을 짓고 인재 교육에 힘썼다. 예전부터 있었던 연수 시설을 거액의 자금을 투자해 오늘날의 리더십 개발센터로 개조한 것이다. 잭 웰치가 직원 교육에 적극적이었던 것은 그가 젊은 시절에 교육자가 되고자 했던 점과도 관계가 있겠지만, 본질적인 이유는 경영자는 교육자여야 한다는 신념이 있었기 때문이다.

모든 일에는 순서가 있다. 경영자가 가장 먼저 교육해야 하는 것은 자기 자신이어야 한다. 그리고 그 다음에 직원을 교육해야한다. 자신을 교육한다는 것은 지식과 기술을 터득한 후 교양을 강화하기 위한 자기 연구, 자기개발에 힘쓴다는 것이다. 직원을 교육한다는 것은 사장이 직원을 가르쳐 키우는 것이다. 왜 사장이 직원을 가르쳐서 키워야 할까? 그 이유는 매우 간단하다. 회사의 힘은 직원의 힘을 전부 합친 것과 같기 때문이다.

사원의 질은 회사의 상품 및 서비스의 질에 반영되고 조직력의 질에도 반영된다. 상품, 서비스의 질과 조직력은 고객 만족도를 결정한다. 고객 만족도가 높아지면 기업의 실적이 올라간다. 따라서 직원을 교육하는 것은 사장에게 가장 중요한 직무라 할수 있다.

하지만 직원을 교육하기 전에 사장 자신의 가치를 높여야 한다. '다이아몬드는 다이아몬드로 연마되고 사람은 사람으로 연마된다'는 말이 있다. 일류가 되려면 일류를 만나는 수밖에 없다. 논어에는 "자기보다 못한 사람을 벗으로 삼지 말라"라는 말이 있다. 만나야 할 일류는 참된 현자이며 강자, 부자다. 업무력과 인간력이 뛰어난 대인이다. 참된 현자는 모든 것에서 배우는 것이 있는 사람이다. 참된 강자는 다른 사람을 이기기 전에 자기 자신을 이기는 사람이다. 그리고 참된 부자는 만족할 줄 아는 사람이다.

참된 교육자는
사람의 마음에 불을 지른다

교육에서 중요한 것은 무엇일까? 먼저 중요한 것은 시간이다.

《관자(管子)》에서는 "1년의 계획은 농사를 짓는 것만 한 일이 없고, 10년의 계획은 나무를 심는 것만 한 일이 없으며, 평생의 계획으로는 사람을 기르는 것만 한 일이 없다"라고 했다. 인재를 육성하려면 시간이 걸린다. 이를 잘 알았던 잭 웰치도 직원 교육에 10년, 20년의 공을 들였다.

그럼 교육자인 사장은 어떤 교사가 되어야 할까?

미국의 철학자이자 교육학자였던 윌리엄 아서 워드는 "평범한 교사는 말한다. 좋은 교사는 설명한다. 우수한 교사는 보여준다. 위대한 교사는 영감을 준다"라고 말했다. 사장은 직원의 마음에 불을 지피고 격려하고 용기를 주는 위대한 교사가 되어야 한다.

아서 워드는 또 "나에게 용기를 주면 당신을 잊지 않겠다"라고 말하기도 했다. 직원을 가르치고 기르는 교육자로서의 사장이 참고할 만한 말이다. '삼류는 돈을 남기고 이류는 사업을 남기며 일류는 사람을 남긴다'고 한다. 기업의 경영자는 사람을 남길 수 있는 일류를 지향해야 한다.

사장만이 할 수 있는
인재 육성법은 따로 있다

인재 육성의 조건은 무엇일까? 여기서 말하는 인재는 재주가 뛰어난 사람[人才]만 말하거나 학식이나 능력을 갖춘 사람[人材]만 말하는 것이 아니다. 좀 더 넓은 의미로 조직의 보물[人財]이 되는 사람, 즉 '대인'을 말한다. '능력 있고 인품 좋은 사람'인 대인은 대인에 의해서만 키워진다. 따라서 대인을 키우기 위해서는 사장 자신이 대인이고 인재여야 한다.

그러나 사장 혼자 모든 직원을 다 가르치기는 현실적으로 불가능하다. 조직적으로 인재를 육성하려면 사장이 먼저 인재가 되고, 그 다음으로 사장이 키운 인재가 또 그의 부하 직원을 인재로 키워가는 풍토와 시스템을 갖춰야 한다.

사람과 사람이 서로 배울 수 있는 조직을 '학습조직(learning organization)'이라고 한다. 학습조직이란, 미국 매사추세츠공과대학의 피터 셍게 교수가 주장한 '강한 조직'을 만들기 위한 일환으로 구상되었다. 쉽게 말해 사람들이 서로 배우고 향상시키는 조직을 만드는 것이다. 셍게 교수는 학습조직을 만들려면 다음의 다섯 가지가 필요하다고 주장했다.

- **시스템적 사고**: 비즈니스 간의 상호 작용과 관계성을 파악하는 힘
- **개인적 숙련**: 자기를 발전시키기 위해 적극적으로 학습하려는 의욕
- **정신 모델**: 고정관념을 버리는 힘
- **공유 비전**: 기업의 이념, 방침을 공유하는 힘
- **팀 학습**: 커뮤니케이션 능력을 올리는 힘

셍게 교수는 이 다섯 가지 중에서 특히 시스템적 사고를 중요하게 여겼다.

일은 팀으로 한다. 팀은 회사라는 조직의 일부분이기에 한 팀

의 행동은 유기적으로 회사에 영향을 미친다. 따라서 한 팀이 효과적이고 효율적인 성과를 올려서 생산성이 높은 일을 하려면 회사 전체의 관련성과 기능성을 충분히 고려해야 한다. 협력이 필요한 것이다.

사람은 역경을 통해 인재가 된다

학습조직은 인재를 육성하는 데도 효과적으로 활용된다. 인재 육성 방법은 다음의 세 가지를 들 수 있다.

첫째, 연수나 세미나 등을 통해 강사의 이야기를 듣고 배운다. 기본과 원리원칙을 체계적으로 이해하기에 효과적인 방법이다. 하지만 인재를 육성하는 데 있어서 이렇게 배우는 것의 중요도 는 겨우 10퍼센트에 지나지 않는다.

기본, 원리원칙을 모르면 자기만의 방식이 된다. 자기만의 방식으로는 안팎의 변화에 적절하고 효과적으로 대응할 수 없다. 원리원칙을 이해하기는 하지만 상황에 따라 일시적으로 거기서 벗어나는 것을 '예외'라고 한다. 또 원리원칙을 모르고 제멋대로 하는 행위를 '엉터리'라고 한다. 강의나 강습의 효용은 이런 원리원칙을 제대로 배울 수 있다는 데 있다.

둘째, 멘토를 둔다. 멘토는 인생의 스승으로, 힘들 때나 어려울 때 상담을 해줄 수 있는 사람을 말한다. '멘토 세 명이 있으면 인생은 장밋빛'이라는 말이 있을 정도로 멘토는 우리를 직접 가르치고 이끌어주는 소중한 존재다. 사장은 인재인 것과 동시에 직원들의 멘토가 될 수 있어야 한다. 이 멘토의 중요도는 20퍼센트 정도다.

마지막 방법은 역경을 경험하는 것이다. 역경이란 결과에 대한 책임이 따르는 어려운 일을 경험하는 것을 말한다. 사람은 역경을 경험할 때 가장 크게 성장한다. 경험과 시련 속에서 한층 더 성장하고 성숙해지는 것이다. 역경의 중요도는 70퍼센트를 차지한다.

그런데 직원이 역경을 경험하게 할 수 있는 사람은 오직 사장뿐이다. 역경은 자칫 잘못하면 그 일로 사람이 망가질 수도 있는 위험이 따른다. 하지만 장래성이 있는 직원을 인재로 육성하려면 피할 수 없는 과정이기도 하다. 따라서 이때 위험을 회피하기 위해 직원의 개성과 성격에 맞게 사전에 충분히 준비할 수 있도록 지원하는 것도 사장이 신경 써야 할 일이다.

열등한 직원일수록
발전 가능성이 크다

경영학은 강의나 강습을 통해 배울 수 있다. 하지만 경영력은 몇 번의 역경을 직접 겪어봐야 비로소 터득할 수 있다. 수영 교본을 여러 권 읽더라도 실제로 물에 들어가봐야 수영 실력이 향상된다. 물에 한 번도 들어가지 않고 책만 읽는다고 수영을 할 수 있게 되는 것은 아니다. 골프, 장기, 춤 등도 그렇다.

어느 대기업의 창업 사장은 유능하지만 평소에 주위를 깔보는 버릇이 있는 한 임원에게 회사의 해외 공장 설립 업무를 맡겼다. 중남미 지역에 설립하는 그 공장은 북미와 유럽에 제품을 공급하는 중요한 생산 거점으로, 그 회사가 설립하는 첫 번째 해외 공장이었다.

현지 책임자로 파견된 그 임원은 다른 나라, 다른 문화에 적응하지 못해 애를 먹었고, 자신의 생각대로 움직이지 않는 현지 사람들 때문에 자주 속을 태웠다. 그러나 그들이 움직이지 않으면 공장을 건설할 수 없는 상황이었다. 그는 어쩔 수 없이 현지 문화와 풍습에 대해 배웠고 그들을 존중함으로써 타협점을 찾아갔다. 그렇게 애쓴 덕에 공장 설립은 무사히 마무리됐다. 그리고 몇 년 후 고국으로 돌아온 그에게서는 더 이상 예전의 거만함과 건방진 태도를 찾아볼 수 없었다. 그 기업의 사장은 임원에게 역경을 경험하게 함으로써 달라질 기회를 준 것이다.

예전에 내게도 전혀 쓸모없어 보이는 부하 직원이 한 명 있었다. 일처리 능력도, 인간관계도 원만하지 않아 주변에서 '열등생' 취급을 받고 있는 직원이었다.

나는 사장으로 취임할 즈음부터 보아온 그 직원에게 다른 직원들과 동등하게 목표를 달성할 것을 요구했고, 그가 가끔 보여주는 재능을 세심하게 칭찬했다. 그러자 그 전까지 그를 열등생 취급하던 주변 사람들의 시선이 달라지기 시작했다. 사장이 주시하는 직원이라고 생각했기 때문인 듯했다. 그리고 주변 사람들의 태도가 달라지자 그 직원의 의식에도 변화가 생겼다.

열등한 직원일수록 발전 가능성이 크다. 일의 성과는 '기술×의욕×업무 방식·과정'의 공식으로 나타난다. 기술이 부족했던 그 직원도 일에 대한 의욕이 크게 높아진 상태에서 계속 일을 하자 좋은 결과가 나온 것이다. 이전까지의 성적이 나빴던 만큼 조금이라도 성과가 나오게 되면 주위에 큰 영향을 미치게 된다. 이후 모두가 서서히 그 직원을 인정하게 되었고, 그가 결과를 내자 주위 사람들도 자극을 받아 팀 전체의 성적이 올랐다. 열등했던 직원이 달라지자 팀 전체의 능률도 향상되었던 것이다.

비즈니스가 실패하는
80퍼센트는 이것 때문

설명 능력의 핵심은 커뮤니케이션의 본질을 아는 데 있다. 커뮤니케이션은 일하는 중에 한가한 틈을 타서 하는 것이 아니다. 시간을 적극적으로 내서 해야 하는 리더의 중요한 업무 중 하나다. '훌륭한 리더는 훌륭한 커뮤니케이터(communicator)'라고 하지 않는가! 커뮤니케이션 능력이 없는 리더는 리더로서 자격이 부족한 것이다.

비즈니스에서 실패한 사례를 자세히 관찰해보면 80퍼센트 이상이 커뮤니케이션에 그 원인이 있다는 것을 알 수 있다. 자신

도표 2 직원이 느끼는 커뮤니케이션 수준과 조직력의 관계

높다 ◀◀◀◀◀◀ 커뮤니케이션 수준 ▶▶▶▶▶▶ 낮다		
양호	인간관계	악화
잘 통한다	직장 내 의사소통	정체된다
기능한다	조직력	개인주의가 판친다
모든 구성원이 발언	회의의 품질	상사 혼자 하는 회의
높다	목표 공유도	낮다
빠르다	위기 대응력	느리다
정확하게 전달되었는지 세세하게 확인한다	연락	'분명히 말했을 텐데'라는 말이 만연한다
나쁜 뉴스 먼저	보고	나쁜 뉴스를 나중에, 또는 잊어버린다
적극적	상담	소극적

의 의도가 상대방에게 정확하게 전달되지 않았거나 상대방이 한 말을 잘못 알아들었거나 하는 사례가 흔하다.

서로의 신뢰를 훼손하는 원인 중에서 커뮤니케이션 실패가 차지하는 비중도 80퍼센트 이상이다. 이 말은 즉, 커뮤니케이션을 수준 높고 원활하게 유지하게 되면 실패율을 80퍼센트는 줄일 수 있다는 의미가 된다. 따라서 커뮤니케이션을 소홀히 하는 사장은 비즈니스맨으로서는 실격이다.

회의는 많지만
직원의 발언은 적은가?

커뮤니케이션 수준을 높이면 조직이 활성화된다. 보고, 연락, 상담이 적극적으로 이뤄진다. 커뮤니케이션 수준이 낮은 직장은 나쁜 뉴스를 마지막에 알리거나 또는 전혀 알려주지 않는다. 그러나 비즈니스의 원칙은 어떤 기업이든 나쁜 뉴스를 먼저 알리는 것이다.

커뮤니케이션 수준이 낮은 직장에서는 솔직한 의견이 나오지 않는다는 특징도 있다. 이런 풍토가 '나쁜 뉴스는 나중에', '나쁜 뉴스는 절대 없다'는 문화를 만든다. 또한 커뮤니케이션 수준이 나쁜 직장에서는 회의가 많더라도 회의에서 직원들의 발언 빈도는 적다.

리더는 회의나 미팅 시 직원들이 솔직하게 말하도록 손써야 한다. 구체적으로는 어떻게 해야 할까?

회의나 미팅에서 리더는 가능한 한 듣는 역할을 맡는다. 단순히 귀로만 듣는 것이 아니라 귀와 마음과 눈을 통해 적극적으로 들음으로써 그 역할을 수행해야 한다.

직원들의 이야기에 맞장구를 치거나 때때로 '그래서?', '꽤 재미있네'라고 하면서 상대방의 발언을 재촉하면 커뮤니케이션 수준을 높이는 데 효과적이다. 또 발언 내용을 비판하지 않는 것도 직원들이 의견을 말하게 하는 방법이다. 다른 의견을 수용하는 것만으로는 부족하다. 적극적으로 말하도록 장려해야 한다.

당신의 회사는 어떤가? 직원들이 다른 의견을 말할 기회나 자리가 있는가? 사장이 다른 의견을 수용하기만 하는 것이 아니라 장려하기도 하는가?

통하지 않는 설명은 설명이 아니다

글을 쓰는 가장 큰 목적은 자신의 의도를 독자에게 정확하게 알리는 데 있다. 이 책도 그렇다. 작가가 일방적으로 쓰기만 한 책은 책이라고 할 수 없다. 독자에게 몇 퍼센트라도 작가의 진심이 전해져야 비로소 책은 책이 된다.

설명 능력도 마찬가지다. 설명을 얼마나 유창하게 하는가는 별로 중요하지 않다. 설명이 상대방에게 정확하게 전달되고 이해돼야 비로소 커뮤니케이션이 성립한다. 상대방에게 통하지 않는 설명은 단순한 수다에 지나지 않는다. 커뮤니케이션에서 유일하게 중요한 것은 자신이 상대방에게 무슨 말을 했느냐가 아니라 실제로 상대방에게 무엇이 전해졌느냐인 것이다.

설명 능력에서 중요한 것은 이 점뿐이다. 따라서 설명 능력을 높이려고 한다면 파워포인트나 동영상 등 전달 방법에 대한 아이디어를 짜기 전에 어떻게 하면 상대방에게 잘 통하게 할지를 생각해야 한다. 이처럼 상대방 입장에서 생각하는 것은 인간에 대해 배우기 위한 기본자세다. 즉 설명도 인간에 대한 이해가 뒷받침되어야 잘할 수 있다.

상대를 납득시켜
따라오게 하는 3가지 비결

설명과 설득은 다르다. 그 차이는 무엇일까?

설명은 자신의 말이 상대방에게 정확하게 전달되면 충분하다. 말이 전달된 결과 상대방이 어떻게 생각하고 어떻게 행동하는가는 설명한 사람과 상관없다. 이렇게 설명은 꼭 상대방의 동의를 전제로 하는 것은 아니다.

반면 설득은 설득 상대를 이해시킨 후 움직이게 해야 한다. 설득에는 있고 설명에는 없는 것이 있는데, 바로 '납득'이다. 사람은 논리로 설득당하고 감정으로 납득하고 움직이는 존재다. 따라서 납득이 가는 설득이 진정한 설득이라고 할 수 있다.

누군가를 납득시키려면 먼저 자신의 이야기가 정확하게 상대방에게 전달되어야 한다. 즉 정확한 설명이 대전제가 되는데, 그것만으로는 납득이 가는 설득에 이르지 못한다. 납득이 가는 설득을 하기 위해서는 다음의 세 가지 '리(理)'가 필요하다.

첫째, '논리(論理)'다. 사람은 이윤를 추구하는 동물이다. 특히 비즈니스맨은 이유가 확실하지 않은 일을 본능적으로 의심하는 경향이 있다. 따라서 리더에게는 이치에 맞고 그릇되지 않은 논리, 일관성이 있는 논리로 이야기를 구성하는 기술이 반드시 필요하다.

둘째, '이해(理解)'다. 상대방의 마음을 이해하는 것은 커뮤니케이션의 기본이다. 납득이 가는 설득을 하기 위해서는 상대방의 마음을 옳은 의미에서 걱정하고 헤아릴 필요가 있다. 자신의 일방적인 사정 때문에 설득하는 것이 아니라는 점을 보여주기 위해서라도 상대방을 이해하기 위한 자세가 필요하다.

셋째, '윤리(倫理)'다. 도의에 어긋나지 않는 것은 상대방을 납득시키기 위한 기본 조건이다. 도리에 반하는 설득을 하면 안 되는 것은 당연하고, 도리를 벗어난 설득에 응하는 상대방도 설득해야 할 대상이라고 할 수 없다. 조직의 리더에게 윤리의식은 가장 중요한 판단의 기준이기도 하다.

설득력의 최종병기,
인간력

권력과 자신의 위치를 배경으로 한 설득은 논리적이기는 하지만 상대방을 납득시킬 수 없다. 해서 부하 직원에게서 끈기나 돌파력이 있는 행동을 이끌어낼 수 없다. 권력에 굴복해 마지못해 따르는 것이기 때문이다.

납득해서 움직이는 경우에는 상사의 명령이나 부탁 때문에 하는 것이라 해도 부하 직원에게 그 일은 이미 자신의 일이다. 그때 직원들은 스스로 주체적으로 일에 임한다. 이렇게 납득한 뒤 앞으로 나아가는 직원은 뒤를 돌아보지 않는다.

윤리에 반하는 내용을 설득하는 것은 애초에 인간에 대한 근본적인 이해가 부족한 것이다. 사람은 대의라고 느꼈을 때 큰일을 한다. 상대가 윤리에 어긋나는 일에 동의한다면 결국 두 사람의 무덤을 파는 꼴이 되고 만다.

상대방을 납득시키기 위한 설득의 조건은 앞에서 말한 세 가지지만 거기에 힘을 더욱 보태려면 열정을 다하고 반복적으로 호소하며, 이익을 제공해야 한다.

사람을 움직이는 것은 열정이다. 열정을 다해 뜨거운 마음을 자극하면 사람의 마음은 움직이게 돼 있다.

또 반복해서 호소해야 한다. 커뮤니케이션은 계속해서 할 때 그 효과가 있기 때문이다. 한 연구 결과에 의하면 사장이 직원에게 메시지를 전달했을 때 그 내용이 충분히 전해져서 이해, 납득되게 하려면 똑같은 메시지를 열여섯 번 반복해야 한다고 한다. 반복해서 호소하면 열의가 통하는 동시에 자신의 이야기가 상대방의 마음에 깊이 새겨져 마음속에서 중요도가 올라간다.

설득을 납득으로 바꾸려면 설득하려는 내용이 어떤 장점이 있는지 설명하는 것도 중요하다. 이때 물질적, 경제적, 사회적으로만이 아니라 인간적인 성장 등 정신적 측면에서의 장점도 강조해야 한다.

그런데 납득이 가는 설득을 하기 위한 이런 방법들을 살펴보면 모두가 인간력에서 기원한다는 사실을 알 수 있다. 상대방을 움직이는 설득의 결정적인 방법도 결국은 인간력에 있는 것이다.

뛰어난 리더는
하나같이 뛰어난 커뮤니케이터

커뮤니케이션을 잘하기 위해서는 인간을 알아야 한다. 뛰어난 리더는 하나같이 '뛰어난 커뮤니케이터'로 불리는데, 그 이유도 여기에 있다. 그래서 인간에 대해 연구하는 과정은 자연스럽게 커뮤니케이션 수준을 향상시키는 과정으로 이어진다.

커뮤니케이션의 원리원칙도 인간에 대해 배우는 데서 비롯된다. 미국의 심리학자 앨버트 메라비언에 의하면 사람에 대한 인상이나 호감을 결정하는 요소는 언어 정보가 7퍼센트, 목소리나 보디랭귀지 등의 비언어 정보가 93퍼센트를 차지한다고 한다.

사람은 말의 내용보다 말하는 사람의 복장이나 행동, 목소리 크기, 소리의 질 등에 마음을 더 빼앗긴다는 것이다.

앞에서 커뮤니케이션 문제로 가장 많이 대두되는 것은 말하는 내용이 상대방에게 정확하게 전달되지 않기 때문이라고 했는데, 상대방이 듣고 잊어버리는 경우에도 커뮤니케이션 문제가 발생한다. 잊어버리는 것은 상대방의 잘못이지만 그렇다고 그대로 끝내면 뛰어난 커뮤니케이터가 될 수 없다.

'망각 곡선'이라는 것이 있다. 독일의 심리학자 헤르만 에빙하

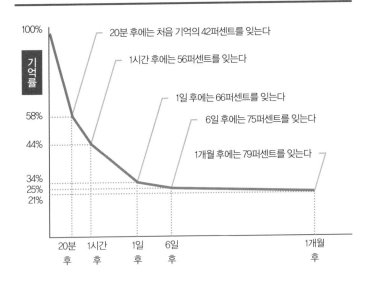

도표 3 에빙하우스의 망각 곡선

- 20분 후에는 처음 기억의 42퍼센트를 잊는다
- 1시간 후에는 56퍼센트를 잊는다
- 1일 후에는 66퍼센트를 잊는다
- 6일 후에는 75퍼센트를 잊는다
- 1개월 후에는 79퍼센트를 잊는다

기억률

100%
58%
44%
34%
25%
21%

20분 후   1시간 후   1일 후   6일 후   1개월 후

우스가 발표해서 '에빙하우스의 망각 곡선'이라고 불리기도 한다. 망각 곡선은 시간이 지남에 따라 기억이 감소되는 정도를 나타낸다. 망각 곡선에 의하면 한번 기억한 일은 시간이 지나면서 점점 잊혀지는데, 20분 후에는 42퍼센트, 한 시간 후에는 56퍼센트, 하루가 지나면 66퍼센트, 한 달이 지나면 79퍼센트를 망각한다고 한다.

훌륭한 커뮤니케이터는 인간의 이러한 특성에 입각해 커뮤니케이션을 한다. 인간에 대해 학습함으로써 훌륭한 커뮤니케이터가 되는 것이다.

전달력은 인간력을 통해 향상된다. 존경하는 사람을 만나 직접 들은 이야기나 감동받은 이야기는 쉽게 잊혀지지 않는다. 인간력은 이때도 큰 힘을 발휘한다. 하지만 인간력을 연마하려면 시간의 도움이 필요하다. 하루아침에 배운 것은 그만큼 쉽게 잊혀지기 때문이다.

인간력을 보완하는 것은 커뮤니케이션 기술이다. 커뮤니케이션 기술을 터득하려면 커뮤니케이션의 원칙을 이해하고 원칙에 어긋난 행동을 하지 않도록 주의하는 것이 중요하다.

그렇다면 커뮤니케이션의 원칙이란 무엇일까? 내가 회사를 경영하는 과정에서 직접 터득한 '커뮤니케이션의 열 가지 원칙'을 소개하겠다.

1 먼저 듣기부터 시작한다.

2 중요한 것은 '자신이 상대방에게 무슨 말을 했는가'보다 '실제로 상대방에게 무엇이 전해졌는가'라는 점을 명심한다.

3 상대방의 눈을 보면서 큰 목소리로 천천히 말하고 상대방과 장단을 맞추도록 주의한다.

4 이야기의 순서는 상대방에 따라 달리한다. 기승전결 중 '결'부터 말해야 할 때도 있다.

5 커뮤니케이션은 시간을 내서 해야 하는 업무상에서의 우선 과제다.

6 진정한 커뮤니케이션은 얼굴을 마주하고 하는 것이다. 이렇게 할 때 비로소 진솔한 커뮤니케이션이 가능하다. 이메일, 문자 등은 간단한 정보 전달 수단에 불과하다.

7 나쁜 정보일수록 신속하게 보고한다.

8 모두를 위해, 일을 위해 한 일은 자꾸 언급한다.

9 견해가 다르더라도 의견으로 인정한다.

10 술자리에서의 커뮤니케이션은 해도 되지만 반드시 해야 하는 것은 아니다. 참된 커뮤니케이션이 이뤄지는 장소는 직장이어야 한다.

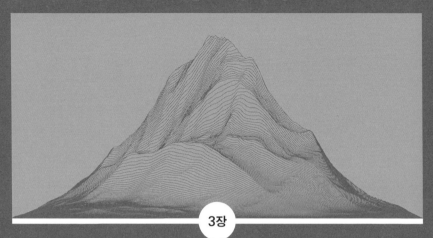

3장

회사란 꿈으로 시작해
행동으로 완성된다

포부 · 행동력

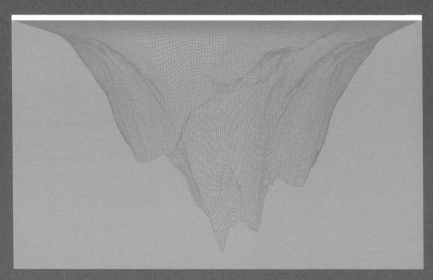

'아는 것'과 '실제로 하는 것' 사이에는 거리가 있다. 그런데 아는 것과 행동이 일치하지 않으면, 즉 알고도 실천하지 않으면 모르는 것이나 마찬가지가 된다. 인생도 비즈니스도 실천하는 데 그 가치가 있다. 리더의 인간력 또한 행동을 통해 나타난다.

회사는 꿈으로 시작한다.
그래서 꿈을 잃으면 끝난다

토요타의 토요타 아키오 사장은 몇 해 전 한 신문과의 인터뷰에서 이런 말을 한 적이 있다.

"처음 자동차 산업이 태동하던 시절에는 돈과 기술은 없었지만 꿈이 있었다. 지금은 돈과 기술은 있지만 예전과 같은 꿈이 없다."

꿈은 훌륭한 회사와 사람의 출발점이다. '인생의 중심에 무엇을 놓을까?'를 정하는 데서부터 모든 것이 시작되기 때문이다.

꿈이 있는 사람, 꿈을 말하는 사람은 매력적이다. 소프트뱅크의 손정의 회장은 꿈을 말하는 경영자로 유명하다. 과거의 경영자 중에서는 혼다의 창업자 혼다 소이치로를 들 수 있다. 이런 꿈도 인간력을 구성하는 중요한 요소라고 할 수 있다.

리더란 말해야 하는 꿈을 지닌, 꽃과 열매를 다 갖고 있는 사람을 말한다. 하지만 리더의 꿈은 추종자가 공감하고 공유할 수 있어야 한다. 공감하고 공유할 수 있는 꿈이란 어떤 것일까? 확실한 포부와 대의가 있는 꿈이다.

포부, 대의에 관한 유명한 말이 있다.

"Boys, be ambitious."

미국의 교육가인 윌리엄 클라크 박사가 한 이 말은 "소년이여, 야망을 가져라"라는 경구로 우리에게 잘 알려져 있다.

'ambitious'는 사전에 '야망'이라고 나와 있지만, 클라크 박사가 하고 싶었던 말은 사전적 의미에서 그치지 않는다. 이 문장의 전문에서도 그 뜻이 드러난다. "소년이여, 야망을 가져라. 돈을 위해서가 아니고, 이기적인 성취를 위해서도 아니고, 사람들이 명성이라 부르는 덧없는 것을 위해서도 아니고 단지 인간이 갖추어야 할 모든 것을 얻기 위해서." 즉 여기서 야망은 '인간으로서 당연히 그러해야 할 자신이 되기 위한 큰 뜻'이라는 의미를 담고 있다.

옳은 대의와
잘못된 대의

포부, 대의, 꿈은 삼위일체되어야 한다. 사람들은 이 세 가지가 통합된 포부에 공감하고 감동한다.

하지만 대의만 추구하면 때때로 길을 크게 벗어날 수도 있다. 역사적으로 보면 세계대전이 발발하기 전 독일에도 독일만의 대의는 있었다. 히틀러의 말에서 사람들은 대의를 느꼈기 때문에 선거를 통해 히틀러를 최고 권력자로 선택했다. 그러나 민족 정화라는 목표 아래 무고한 유태인 600만 명을 살육한 히틀러의 대의는 잘못된 것이었다. 깊은 의문을 느끼지 않을 수 없다.

리더가 잘못된 대의와 포부를 가지더라도 리더의 꿈에 공감하고 공유하는 사람이 많다. 하지만 잘못된 대의로 나아가면 언젠가는 반드시 파멸에 이르게 된다. 따라서 리더는 반드시 옳은 대의를 가져야 한다.

옳은 대의를 가지려면 무엇이 필요할까? 이때 필요한 것이 바로 교양이다. 자신 이외의 모든 것에서 배우기를 멈추고 편협함과 고집만으로 대의를 세우면 히틀러와 독일 같은 운명을 겪게 될지도 모른다.

긍지와 사명감이 있는 사람은
쉽게 지치지 않는다

긍지와 사명감을 갖고 일하는 사람은 일의 크기나 종류에 상관없이 일에서 대의를 느낀다. 대의가 회사와 일에 대한 책임감의 배경이 되는 것이다.

회사는 창업자의 꿈에서부터 시작된다. 즉 회사는 꿈을 기점으로 성장하는 것이다. 이때 성장의 원동력은 열정이다. 열정을 뒷받침하는 것도 꿈의 힘이다.

또한 회사를 유지하는 것은 책임감이다. 책임감은 고객, 직원과 그 가족, 거래처, 주주, 사회 등 모든 이해관계자에 대한 것이다. 그 책임감의 뒤에도 대의가 있다.

사람은 대의가 있기에 열심히 노력할 수 있고 지치지 않는다. 대의가 있으면 귀찮지 않다. 회사를 쇠퇴시키는 관료화는 경영자와 회사가 꿈을 잃고 일탈한 결과다. 그러니 결코 꿈을 잃어서는 안 된다.

허풍쟁이와 꿈을 이룬 사람의
결정적 차이는 이것!

꿈이 있는 사람은 매력적이다. 그러나 그 꿈을 실현하기 위해 앞으로 나아가지 않으면 '뻥쟁이', '허풍쟁이'라는 비난을 면치 못하게 된다.

　꿈은 실현하기 위해 조금씩이라도 앞으로 나아가야 비로소 사람들이 공유할 수 있는 꿈이 된다. 실현하기 위해 앞으로 나아가지 않는 꿈은 그저 꿈일 뿐이며, 그 사람은 몽상가에 지나지 않다. 거기에 아무리 훌륭한 대의가 있고 아무리 높은 뜻이 있다 해도 그 대의를 따르는 사람은 없다. 사람들은 예나 지금이나 변함

없이 꿈을 말하고 그것을 실현하는 사람을 따른다.

혼다 소이치로의 꿈을 믿고 직원들이 그 뒤를 따른 이유는 혼다가 뛰어난 품질과 실적으로 세계에서 인정받았기 때문이다. 사람들이 손정의의 꿈을 허풍이라고 느끼지 않는 것은 소프트뱅크가 정보통신업계를 선도하는 회사로써 실적을 거두고 있기 때문이다.

꿈에는 공감하지만 실현하기 위해 앞으로 한발도 나아가지 않는 사장이라면 부하 직원들의 기대가 산산이 부서지고 뿔뿔이 흩어져 흔적도 없이 사라지게 된다. 그런데 이외로 현실에서는 그런 기업이 수두룩한 게 사실이다.

뛰기 전에 꼭
거쳐야 할 과정이 있다

사람들은 흔히 '꿈이 없는 사람은 성공하지 못한다'고 말한다. 그런데 이 말에는 흐름이 있다. 꿈이 없는 사람에게는 이상이 없고, 이상이 없는 사람에게는 계획이 없다. 계획이 없는 사람은 실행하지 않고, 실행하지 않는 사람은 성공하지 못한다. 따라서 꿈이 없는 사람은 성공하지 못한다.

그러나 꿈이 있다고 꼭 성공이 보장되는 것은 아니다. 꿈을 이루기 위해서는 계획과 실행이 동반되어야 한다.

내가 생각하는 꿈을 실현하는 방정식은 다음과 같다.

목표 = 꿈+기한 설정+행동 계획

꿈을 꿈인 채로 내버려두지 않으려면 꿈을 이루기 위한 기한을 설정하고 거기에 행동 계획을 더해야 한다. 그렇게 하면 목표가 생겨난다. 꿈을 목표로 바꾸는 것이다. 마감 기한과 행동 계획이 없는 꿈은 단순한 소원이며, 소원만 가지고 성공한 사람은 이 세상에 아무도 없다.

그럼 꿈을 목표로 바꿀 수 있으면 꿈이 확실히 이뤄질까? 꿈을 목표로 바꿨다고 해도 정확한 과정을 거치지 않으면 실현되기 어렵다.

어떤 꿈이든지 단계에 따라 실현된다. 느닷없이 원대한 목표를 대면하기는 어렵다. 영국에는 "뛰기 전에 걸어야 한다"라는 속담이 있다. 어떤 일에나 밟아야 할 단계와 순서가 있다는 의미이다.

산 정상에 오르려면 자기가 있는 곳에서부터 한 걸음씩 차근차근 정상을 향해 올라가야 한다. '내일 아침에 산 정상에서 해돋이를 보려면 몇 시까지 정상에 도착해야 할까?', '몇 시에 집에서 출발해야 할까?' 이것이 바로 산 정상에 올라 해돋이를 보겠다는 목표를 이루기 위한 기한 설정과 행동 계획이다.

혼다는 세계적인 모터사이클 경주에서 우승했고, 그 후 F1 경기에서도 역사에 남을 좋은 성적을 계속 올렸다. 그런데 거기에 들어간 연구개발비 등의 비용을 벌어들인 것은 세계적인 경주와는 관계없는 50cc짜리 실용 바이크 '슈퍼커브'였다.

혼다 소이치로는 50cc짜리 바이크로는 세계 최고가 될 수 없다고 여겨 슈퍼커브를 생산하고 싶어 하지 않았지만 주변의 설득에 의해 판매하기에 이르렀다. 그런 슈퍼커브가 베스트셀러가 되었고, 그로 인해 혼다의 재무 실적은 크게 개선되었다. 실용바이크인 50cc 슈퍼커브는 혼다가 세계 대회용 바이크를 만들기 위해 꼭 밟아야 하는 단계였던 것이다.

때로는 돌아가는 길을
선택할 각오를 하라

꿈을 이루려면 꿈과 직접적으로 관계가 없는 일에도 힘을 쏟아야 한다. 꿈을 곧바로 좇는 것만으로는 꿈을 이루기가 어렵기 때문이다.

미국의 16대 대통령 에이브러햄 링컨은 노예 해방에 관한 법률 '수정헌법 제13조'를 의회에서 통과시키기 위해 노예에게도 참정권을 주자고 주장하는 급진파 의원들을 설득해야 했다. 급진파 의원들이 노예 해방만으로는 노예들에게 참정권을 줄 수 없다면서 불만을 제기했던 것이다. 급진파가 링컨의 헌법 수정안에 찬성하지 않으면 수정안은 부결될 상황이었고, 수정안이 부결되면 노예 해방과 관련된 헌법을 수정할 기회는 다시 찾아오지 않을 터였다.

이때 링컨은 '길을 돌아가더라도 지금 해방시키지 않으면 참정권 문제는 요원한 일이 되고 만다'는 말로 급진파를 설득했다. 급진파가 주장했던 '노예에게 참정권을 부여하는' 뛸 수 있는 상태가 되기 위해서는 먼저 '노예 해방'이라는 걸을 수 있는 상태를 만들어놔야 했던 것이다. 이처럼 당장 만족할 수 없더라도 불만을 참고 한 걸음씩 나아가는 것도 인간력을 기르는 한 방법이다.

ACTION

인생도 비즈니스도
실천해야 가치가 있다

GE의 회장이었던 래리 보시디는 "경영은 실행이다"라고 말했다. 그는 리더에게 가장 중요한 자질은 행동력이라는 것을 잘 알고 있었던 것이다. 어떤 교양이나 견식도 행동으로 드러나야 그 진가가 발휘되는 것이다.

카를로스 곤은 '회사가 성공하는 데 있어서 계획의 중요성은 5퍼센트고, 나머지 95퍼센트는 세심하게 공들인 실행이 차지한다'며 행동의 중요성을 강조한 바 있다. 아무리 멋진 계획을 수립해도 실행이 따르지 않으면 어떤 변화도 일어나지 않는 것이다.

'아는 것'과 '실제로 하는 것' 사이에는 거리가 있다. 그런데 아는 것과 행동이 일치하지 않으면, 즉 알고도 실천하지 않으면 모르는 것이나 마찬가지가 된다. 인생도 비즈니스도 실천하는 데 그 가치가 있다.

행동력과
인간력

리더가 행동력까지 갖추면 그는 담식이 있는 사람이다. 높은 견식, 깊은 교양은 행동으로 나타나야 비로소 효과가 있다. 따라서 리더의 인간력도 행동을 통해 나타난다. 머리 좋고 말 잘하는 평론가도, 침착하고 신중하며 어떤 위기에도 동요하지 않는 철학자도 자기 학문에 관한 연구 성과를 세상에 발표해야 비로소 평론가, 철학자로 인정받을 수 있다. 주위 사람들은 행동을 보고 그 사람에 대해 알게 되기 때문이다.

중국 상나라 말엽 인물인 백이와 숙제는 은나라를 정벌하려는 주나라의 왕에게 반대했으나 주나라의 왕은 그들의 말을 듣지 않았다. 이에 백이와 숙제는 주나라에서 나는 곡식을 먹는 것을 부끄럽게 여겨 수양산으로 들어가 고사리만 뜯어먹다가 굶

어죽었다. 훗날 공자는 이들을 보고 "인을 구하여 인을 얻었다" 라고 칭찬했다.

이 이야기를 나는 아름답게만 받아들일 수 없다. 리더의 인간력은 자기주장을 관철하며 다른 사람에게 과시하기 위한 것이 아니다. 리더 뒤에는 늘 추종자인 부하 직원이 있다. 리더의 인간력은 그 추종자와 함께 성과를 올리기 위해 존재한다. 인간력을 갖추고 있으면서 은둔생활로 봉인해버리면 아무도 행복해지지 않는다. 행동력이 없으면 추종자를 불행하게 만들 뿐이다. 은둔이라는 것은 올바르지 않은 행동이다. 그저 도망가는 것에 불과할 뿐이다.

늘 계획대로 이뤄진다면
진정한 꿈이 아니다

앞서 꿈을 이루려면 '언제까지'라는 기한이 있는 행동 계획이 필요하다고 말했다. 계획보다 행동이 중요하다는 것도 앞에서 설명했다. 하지만 행동한다고 반드시 계획했던 결과를 얻는다고 할 수는 없다. 오히려 늘 계획대로 이뤄지는 안이한 계획이라면 진정한 꿈이라고 할 수 없지 않을까?

꿈을 실현하는 과정에서는 언젠가는 반드시 도전해야 하는 때가 온다. 행동 계획 요소에는 '마땅히 해야 할 행동의 습관화'라는 측면과 '체험하지 못한 영역에 대한 도전'이라고 하는 측면이 있다. 도전하지 않으면 성공할 수 없다. 도전은 성공하기 위해 반드시 필요한 요건이다.

그러나 도전에는 실패가 따라다닌다. 실패의 위험이 없는 도전은 있을 수 없다. '가장 큰 위험은 위험을 무릅쓰지 않는 것이다'라는 말도 있다. 꿈을 이루기 위한 행동력은 실패의 위험을 무릅쓰고 도전하는 용기 있는 행동인 것이다.

용기도 인간력을 구성하는 중요한 요소 중 하나다. 겉으로는 똑같은 행동을 할지라도 위험을 감수하며 더욱 전진하는 사람과 위험을 깨닫지 못하고 무모하게 계속 전진하는 사람 사이에는 큰 차이가 있다.

'모험'이라는 말은 '무모한 행동'과 같은 말이 아니다. 사전에 철저히 계산한 뒤 필요할 경우 위험을 감수할 각오를 하고 마음을 굳게 먹고 하는 것이 모험이다. '신중한 낙관주의(cautious optimism)'라는 말처럼 준비는 용의주도하게, 실행은 과감하게 해야 하는 것이다.

위험에 대해 사전에 인지하고 위험을 회피할 방법을 찾아 용기를 가지고 나아간다면 그것은 무모함과는 다른 옳은 도전이라 할 수 있다.

신용은
신뢰를 얻기 위한 과정

사전에 위험을 알아차리려면 교양과 견식을 바탕으로 깊이 고민해야 한다. 그리고 그렇게 위험이 따르는 일에 용기를 갖고 도전하려면 담식이 필요하다. 이 세 가지가 받쳐주지 않는 행동력은 어리석은 자의 행동력이다. 용기 중에서도 단순한 만용에 지나지 않는다.

리더는 부하 직원이 믿고 따르는 존재다. 그런데 부하 직원에게 믿음을 주려면 실력과 실적이 필요하다. 고대 전투에서 장군은 선두에 서서 앞으로 나아갔다. 군사들은 장군의 뒷모습을 보고 그 뒤를 따랐다. 장군에게 승리의 경험, 즉 실적이 많을수록 군사들은 안심하고 따라갈 수 있었다. 이처럼 실적은 신용을 만들어낸다. 즉 신용이 있는 장군은 실력이 있는 좋은 리더다.

그런데 전쟁에서 아군의 패색이 짙어지는 순간 군사들은 싸울 기력을 잃고 도망치고 만다. 거기에는 '손익'이라는 계산이 작용한다. 신용은 실력과 실적이 있어야 얻을 수 있는 것이기 때문이다.

이에 비해 신뢰는 '전폭적'인 경향이 있다. 실력과 실적을 초월해 모든 인격과 인간성을 믿는 것이다. 신뢰는 인간력에 의거

하는 것이므로 이해득실에 영향을 받지 않는다. 따라서 전쟁에서 패색이 짙어졌을지라도 신뢰가 두터운 장군 밑에 있는 병사들은 떠나지 않는다.

리더는 신용과 신뢰가 두터워야 한다. 신용할 수 없는 리더는 추종자를 불행하게 만들고, 신뢰할 수 없는 리더는 추종자가 기꺼이 따르지 않는다.

신뢰는 인간력을 통해서만 생긴다. 그런데 인간력을 터득하려면 시간이라는 자원이 필요하다. 신뢰라는 것은 먼저 신용을 얻은 다음에 얻을 수 있는 것이기 때문이다.

앞에서 신용을 얻으려면 실적이 필요하다고 했는데, 리더의 실적은 자신이 내뱉은 말을 실행한 결과여야 한다. 무엇보다 설령 계획한 대로 목표를 달성하지 못하게 될지라도 말만 하고 행동하지 않는 사람은 되지 말아야 한다.

ACTION

행동의 질을
결정하는 것은 무엇일까?

리더는 모두의 앞에서 선언하고, 선언한 대로 실행해야 추종자에게 두터운 신용을 얻을 수 있다. 결과를 내는 것만으로는 신뢰까지 얻을 수는 없지만 신용도 리더에게 반드시 필요한 덕목 중 하나다. 아무리 인간성이 뛰어나도 신용이 없으면 리더로서 실격이다. 신뢰를 얻으려면 먼저 신용을 얻어야 한다.

신용 받는 사람은 신용하는 사람이기도 하다. '신용(信用)'이라는 한자를 인수분해하면 '사람[人]의 말[言]을 이용한다[用]'는 뜻이다. 그런데 대부분의 사람들은 자신이 말한 것을 실행하지 못한다. 머리로는 알고 있지만 자기도 모르게 행동이 소홀해지는 것이 인간이다. 그렇다면 어떻게 자신이 내뱉은 말을 실천하며 살 수 있을까?

'백문불여일견(百聞不如一見), 백견불여일고(百見不如一考), 백고불여일행(百考不如一行)'이라고 한다. '백 번 듣는 것보다 한 번 보는 것이 낫고, 백 번 보는 것보다 한 번 숙고하는 것이 나으며, 백 번 숙고하는 것보다 한 번 행하는 것이 낫다'는 뜻으로, 어떻게 하면 매사를 바르게 인식할 수 있는지에 관한 이야기다. 하지만 인식한다고 해서 행동의 질이 보장되는 것은 아니다.

행동의 질을 결정하는 것은 한 번의 행동이 아니라 지속적인 행동이기 때문이다. '말 잘하는 사람은 있어도 잘 행하는 사람은 적으며, 잘 행하는 사람은 있어도 오랜 시간을 들여 행하는 사람은 더욱 적어서 결국 신중함까지 갖춘 사람은 매우 드물다고 한다. 언변 좋은 사람은 많지만 그것을 그 말대로 실행할 수 있는 사람은 적다. 실행할 수 있는 사람은 있어도 그것을 오랜 시간을 들여 계속할 수 있는 사람은 더 적다. 언변이 좋고 계속해서 실행할 수 있으며 공손하기까지 한 사람은 매우 적은 것이다.

행동을 계속하고 그것이 습관이 되면 행동의 질이 결정된다. 행동의 질이 올라가면 인간의 질도 올라간다.

'탁월함은 천 개의 디테일에서 나온다'는 말이 있는데, 탁월함이라는 것은 사실 언뜻 보면 사소한 수많은 습관들이 축적된 결과물인 것이다.

개선이란
'계속'의 결과

행동은 습관이 될 때 실력이 된다. 예를 들어 어떤 기업이든 그 현장에 한해서 개선할 수는 있다. 그러나 힘이 있는 기업은 개선을 통해 실력을 기르는 데 반해 힘이 없는 기업은 개선의 효과가 오래 지속되지 않는다. 기업의 힘은 당연한 일을 철저하게 계속하는 데서 나오기 때문이다.

애초에 힘이 없는 기업의 현장에는 특징이 있다. 현장에 케케묵은 구호가 걸린 채 방치되어 있다. 아무것도 없는 장소에 물건 둘 곳을 표시한 플레이트가 남아 있다. 오랫동안 사용되지 않은 것으로 보이는 공구들이 여기저기 놓여 있는 경우도 있다. 이런 것들은 예전에 여러 번 개선이 이뤄졌다는 것을 말해준다. 하지만 이벤트성으로 끝났기 때문에 현재는 용도를 알 수 없는 '유물'이 된 것이다.

힘이 없는 기업은 모처럼의 개선을 계속 유지하는 습관이 없다. 한 번 개선하면 그것으로 완벽하게 개선되었다고 착각하기도 한다. 하지만 개선이란, 계속 실행해서 습관이 되어 정착되었을 때 비로소 성립되었다고 할 수 있다.

방심하면 후퇴하는 것이 개선이다. 개선이란 자동차를 밀며 언덕길을 올라가는 것과 같아서 도중에 손을 떼면 애초에 출발한 곳으로 되돌아가게 된다. 힘이 있는 기업은 이 사실을 잘 알고 있어서 한 번 개선하면 그것으로 개선되었다고 경솔하게 생각하지 않는다. 개선의 본질은 '당연한 일을 치열하게 계속하는 것'이다.

최고의 사장들은
역경을 피하지 않는다

역경이란, 사전적으로는 '일이 순조롭게 되지 않아 매우 어려워진 처지나 환경'을 뜻한다. 이를 비즈니스 세계에 적용하면 '어려운 일이나 결과에 대해 책임지는 경험을 하는 것'이라고 할 수 있다. 그것도 여러 번 경험하는 것이 역경이다.

결과에 대한 책임을 진다는 것은 신상필벌(信賞必罰)의 대상이 된다는 뜻이기도 하다. 이 말은 '상을 줄 만한 사람에게는 상을 주고 벌을 줄 만한 사람에게는 반드시 벌을 준다'는 뜻으로, 결과에 대한 책임을 묻지 않는 일은 아무리 어려운 일이라고 해도 역경이라고 할 수 없다. 그런 의미에서 '밑져야 본전'인 경험은 역경이 아니다. 어렵기는 하지만 반드시 결과를 내야 하는 경험이야말로 역경이라고 할 수 있다.

역경의 또 다른 측면은, 인간은 역경을 겪으며 자아를 드러낸다는 점이다. 서로의 이해가 충돌할 때 사람은 자기 자신을 그대로 드러낸다. 역경은 그런 현장이다. 예를 들어, 노사 간에 협상이 격렬하게 진행될 때나 상대방의 이권을 건드려야 일이 진행될 때 사람의 자아는 칼집을 벗어난 칼이 된다. 역경 속에서 본성이 드러나는 것이다.

경험 많은 노련한 관료는 법안을 구상할 때 그 법안과 관계있는 부처나 정치가와 접촉해 사전에 조정 과정을 거친다. 경우에 따라서는 기득권에 관한 문제가 끼어들 수도 있기 때문에 이런 조정 과정은 매우 난항을 겪는다. 거절당하고 냉대 받더라도 몇 번이고 다시 협상을 시도하는 것은 그동안 엘리트로 살아온 그의 인생에서 없었던 일일 수도 있다. 그러나 이런 과정을 극복해야 관료로서의 미래가 있다. 이렇게 골치 아픈 사전 교섭 과정을 경험하고 결과를 이끌어낸 사람이라야 국장이 되고 차관으로 승진할 가능성이 더 높다.

역경을 뚫고
최고가 된 경영자들

이나모리 가즈오는 교세라를 막 창업했던 젊은 시절에 노동쟁의라는 역경을 경험했다. 당시에는 긍지와 보람이 있는 일을 위해서라면 침식을 멀리하고 몸을 아끼지 않았던 이나모리를 젊은 직원조차 따라오지 못했다.

그런데 직원에게는 자기 자신과 가족의 행복이 우선이다. 그들과 늦은 시간까지 협상하던 도중 이나모리는 자신의 꿈만으로는 회사가 성장할 수 없으며, 직원의 행복도 회사가 추구하는 꿈 중 하나라는 데 생각이 미쳤다. 마지막에는 이나모리도 직원들도 울며 서로의 마음을 하나로 뭉쳤다. 이나모리는 그후 '아메바 경영'이라는 이름으로 직원의 행복, 회사와 자기 꿈의 삼위일체를 지향하며 경영에 임했다.

마쓰시타전기(현재의 파나소닉)의 초대 회장이었던 마쓰시타 고노스케에게도 이런 역경이 있었다. 마쓰시타전기가 세계적인 회사로 성장하고 거대한 판매망을 갖춘 대기업으로 성장한 이후 많은 판매대리점들과 갈등이 고조되었을 때의 일이다.

마쓰시타와 전국의 대리점 사장들은 담판을 짓기 위해 한 자리에 모였다. 대리점 사장들과의 협상에 직접 나선 마쓰시타 회장이 대리점들의 노력 부족을 지적하자 이에 맞서 대리점 사장들은 회사의 운영 방식에 의문을 제기했고, 격렬한 논쟁이 벌어졌다.

회의는 3일 동안 이어졌는데, 마감 시간이 다 되도록 결말이 나지 않았다. 그때 마쓰시타 고노스케는 '마쓰시타가 잘못했다'며 눈물을 흘리며 대리점 사장들에게 사죄했다. 이 한마디로 마쓰시타와 대리점 사장들은 다시 하나로 똘똘 뭉쳤다.

그 후 마쓰시타 고노스케는 전국에 있는 대리점을 일일이 돌며 대리점 사장과 직원 들을 독려했다. 이나모리 가즈오와 마찬가지로 마쓰시타 고노스케도 자신이 말한 대로 걸은 것이다.

역경을 빠져나와야 사람은 비로소 인간력을 얻을 수 있다. 그렇다면 인간력이란 구체적으로 무엇일까? 인간력을 구체적으로 말하기는 어렵지만 내가 내 나름대로 만든 인간력 평가표가 있다. 이 평가표를 이용해 자신의 인간력을 평가하고 부족한 부분을 개선하기 위한 노력을 끊임없이 반복하면 인간력이 착실하게 향상될 것이다. 자신의 인생에 책임을 지는 사람이 되는 것이다. 자신에게 책임을 부과하지 않는 사람이 회사와 관련해 책임을 다할 거라고 볼 수는 없다.

도표 4 인간력 평가표

평가	5 = 매우 만족 1 = 매우 불만족
1. 고도의 기능적 · 전문적 능력(지식, 기술)을 보유했지만 현재 수준에 만족하지 않고 늘 지식, 기술을 높이기 위한 노력을 하고 있다.	1 − 2 − 3 − 4 − 5
2. 매사에 책임지는 자세로 긍정적으로 임한다.	1 − 2 − 3 − 4 − 5
3. 어려운 일을 외면하지 않는다. 어려운 일에도 적극적으로 도전하는 편이다.	1 − 2 − 3 − 4 − 5
4. 해야 하는 일은 도중에 포기하지 않고 올바른 과정을 거쳐 마지막까지 완수해 결과를 만들어낸다.	1 − 2 − 3 − 4 − 5
5. '부분 최적'에 그치지 않고 '전체 최적'을 추구하며 행동할 수 있다.	1 − 2 − 3 − 4 − 5
6. 장 · 단기의 이해 목표를 설정하고 계속 추구한다.	1 − 2 − 3 − 4 − 5
7. 변화에 적극적으로 맞서 변화를 창조하는 마인드(의욕)와 스킬(능력)이 있다.	1 − 2 − 3 − 4 − 5
8. 방향성(이념, 목표, 전략)에 대해 설득력 있게 소통해서 다른 사람들의 마음에 불을 지피고, '반드시 해야 하니까 한다'는 강제적 동기보다 '하고 싶어서 한다'는 내적 동기를 유발할 수 있다.	1 − 2 − 3 − 4 − 5
9. 다른 사람들로부터 신망, 덕망이 두텁다.	1 − 2 − 3 − 4 − 5
10. 부하 직원을 인재로 육성해 기업의 계속적인 영광에 공헌한다.	1 − 2 − 3 − 4 − 5
	합계점

진단	
합계점	오늘의 나는
41~50	
31~40	
21~30	
20 이하	

대책
'인간력(의욕, 능력)'을 높이기 위해 우선시해야 할 사항 무엇을 할까? 어떻게 할까? 언제까지 할까?

1.

2.

3.

BECOMING

A LEADER

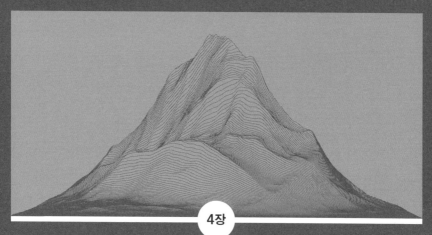

4장

결정할 수 없는 사장은
사장이 아니다

권한 위임 · 결단력

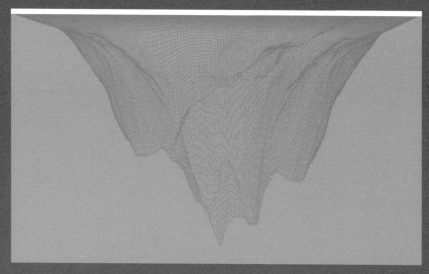

의사결정의 생명은 속도다. 그리고 결정을 다시 할 때도 속도가 생명이다. 쉽게 결론이 나지 않아 질질 끌며 결정을 연기하면 기회라는 이름의 버스는 그대로 떠나버리고 만다. 아무리 100점을 추구한다 해도 반드시 어느 정도의 위험은 남게 마련이다.

기업이 제자리걸음을 하는 데는
다 이유가 있다

사장자리에 앉은 사람이 유능하면 나머지 직원들이 조금 평범하더라도 회사가 성장할 수 있다. 연 매출액도 오르고 승승장구할 수 있다. 하지만 사장 혼자 힘으로는 한계가 있다. 한 사람이 내는 매출보다 열 사람이 내는 매출이 훨씬 클 것은 자명하다. 사장 혼자서 직원 백 명을 써서 내는 결과(1×100)보다 직원 열 명에게 일을 최대한으로 맡겨서 내는 결과($1 \times 10 \times 100$)가 훨씬 더 크지 않겠는가!

미국의 자동차회사 포드의 창업자 헨리 포드 1세는 "머리는 자신만으로 충분하다. 직원에게는 팔다리가 있으면 된다"라고 했는데, 이런 생각으로는 '1×100'의 출력만 기대할 수 있다. 지금은 포드가 대중적 자동차를 목표로 포드 시스템이라는 컨베이어 시스템을 고안해냈던 시대와는 산업의 규모나 일하는 사람의 질도 크게 다르다. 물론 회사는 사장의 능력 이상으로 클 수 없다. 사장에게 능력이 없으면 회사 내부에 트러블이나 분쟁이 많이 일어난다. '밥그릇 싸움'이 만연하는 것이다. 다시 말해 회사의 크기는 사장의 능력으로 결정된다.

그런데 능력을 구성하는 요소는 사장의 업무력뿐만이 아니다. 사람을 쓰는 힘도 능력을 구성하는 중요한 요소다. 그리고 사람을 쓰는 힘은 인간력에서 유래한다. 대부분의 중소기업이 제자리걸음을 걷는 것은 오로지 사장의 인간력 부족에 그 원인이 있다. 내 경험에 의하면 인간력 중에서도 특히 다른 사람에게 맡기는 힘이 결여되었기 때문인 경우가 많다.

사람을 잘 써야
천하 제패도 가능하다

진시황제 사후 혼란에 빠졌던 중국에 다시 한 번 통일왕조를 세운 것은 한나라의 유방이다. 유방과 마지막까지 패권을 다툰 것은 초나라의 항우인데, 유방은 실력, 집안, 명성, 실적 중 항우에 비해 어느 것 하나 앞서는 것이 없었다. 그러나 항우는 너무나도 뛰어난 재능을 가진 사람이었던 탓에 평생 다른 사람에게 일을 맡기지 못했다.

다른 사람에게 맡기지 못하는 사람은 다른 사람을 쓸 수 없다. 항우의 주위에도 그 실력과 명성을 기대하고 모여든 우수한 인재들은 있었지만 항우는 그들의 의견에 귀를 기울이지 않았기 때문에 곁에 있던 인재들이 하나둘 떠나 결국 아무도 남지 않게 되었다. 그중에서 특히 뛰어난 책사였던 범증이 떠나면서 남긴 "미숙한 사람과는 큰일을 함께 할 수 없다"라는 말이 마음에 와 닿는다. 범증은 훗날 화근을 남기지 않기 위해 유방을 죽이자고 항우에게 진언했지만 항우는 유방을 가볍게 여겨 굳이 죽일 만한 인물이 아니라며 범증의 의견을 물리쳤는데, 이때 범증이 실망하여 한 말이라고 한다.

한편 유방은 싸움도 잘 못하고 집안도 별 볼 일이 없었다. 개인적인 역량으로는 항우의 발끝에도 미치지 못했다. 하지만 유방 곁에는 장량이라는 군사, 소하라는 행정가, 한신이라는 장군 등 걸출한 인재들이 있었다. 유방은 이 인재들에게 각각의 역할을 맡기고 그들을 잘 다뤘으며, 그 결과 한 왕조를 세울 수 있었다.

실력이 뛰어났던 항우가 아니라 상대적으로 열세했던 유방이 천하를 제패한 것은 다른 사람에게 맡기는 힘이 얼마나 중요한 지를 말해준다.

사람은 맡기면 성장한다

회사의 성장은 사람이 성장한 결과다. 경영의 대가로 불린 피터 드러커는 "인재를 키우는 데 가장 효과적인 방법은 맡기는 것 이다"라고 말한 바 있다. 그런가 하면 존슨앤드존슨 미국 총 본 사에는 '권한 위임은 창조성이며, 창조성은 생산성이다'라는 말 이 있다. 권한 위임은 즉 생산성을 높이는 것과 같다.

직장인은 일을 맡아야 성장할 수 있다. 직원이 성장하면 회사 도 성장한다. 사람의 성장은 회사의 성장에 공헌할 뿐만 아니라 회사가 지속되려면 꼭 필요한 힘이기도 하다.

직원뿐 아니라 경영 후계자를 키우는 것도 마찬가지다. 후계 자가 성장하지 않는 회사는 지속적으로 번영할 수 없고, 계속기 업으로서 살아남을 수도 없다. 따라서 사람이 성장하지 않는 회 사는 1대에서 끝나버린다.

멀리 내다보며 창업한 사장이라면 자신이 만든 회사를 1대에서 끝내겠다고 생각하지는 않을 것이다. 그렇지만 다른 사람에게 맡길 만한 그릇이 못 되는 사장은 결국 후계자를 키우지 못하게 된다. 또 다른 사람에게 맡기지 않는 한 후계자는 성장하지 않는다.

후계자는 사장의 임무를 맡아봐야 비로소 사장이 보는 경치를 볼 수 있다. 똑같은 풍경이라도 직원과 사장이 보는 경치가 다르다. 이는 사장자리에서 봐야만 알 수 있다.

사장이 직원에게
일을 맡기지 못하는 5가지 이유

인재를 육성하기 위해서는 권한 위임이 중요하다는 것은 누구나 알고 있을 것이다. 하지만 현실적으로는 세상의 많은 사장이 직원에게 일을 맡기지 못하는 것도 사실이다.

그렇다면 왜 직원에게 일을 맡기지 못하는 것일까? 사장에게 맡길 만한 그릇이 없기 때문이기도 하지만, 그 이유만 있는 것은 아니다.

사장이 부하 직원에게 일을 맡기지 못하는 이유는 크게 '애초에 맡기고 싶은 마음이 없다' 또는 '맡기고 싶지만 맡기지 못한

다'로 나눌 수 있는데, 이를 더 분류해보면 다음의 다섯 가지로
정리할 수 있다.

- 위임의 중요성을 알지 못한다.
- 부하 직원을 믿지 않는다.
- 자신의 능력을 과신한다.
- 정확하게 맡기는 방법을 모른다.
- 자신이 없다.

직원에게 일을 맡기지 못하는 첫 번째 이유인 위임의 중요성
을 알지 못하는 경우는 앞에서 설명한 '1×100'과 '$1 \times 10 \times$
100'의 차이를 이해하지 못하기 때문이다. 회사의 미래를 상상
해보라. 회사의 미래는 자신이 회사를 떠난 후를 말한다.

어떤 사람의 명령도 유한하다. 그러나 회사의 명령은 정도경
영을 계속하면 웬만한 천재지변이 일어나지 않는 한 영원히 지
속될 수 있다. 사장 자신이 떠난 후라도 회사가 계속 번영하길 바
란다면 회사의 미래를 맡길 후계자를 키워야 한다. 하지만 후계
자가 성장하려면 시간과 함께 수많은 실패와 좌절의 경험 또한
필요하다.

사장자리에
오른다는 것은 어떤 것인가?

사장과 사장 이외의 사람에게는 경치만 달리 보이는 것이 아니다. 사장과 사장 이외의 사람은 서 있는 장소도 다르다. 이 말은 지위나 위치가 다르다는 의미도 있지만 말 그대로 서 있는 장소가 다른 것이다. 사장이 서 있는 자리는 한번 무너지면 나락으로 굴러 떨어지는 자리다. 한편 사장 이외의 사람은, 그 사람이 부사장이라 할지라도 발밑이 무너지면 다른 곳으로 발을 옮기면 된다.

사장과 부사장 사이의 거리는 부사장과 말단 직원 사이의 거리보다 멀다. 부사장에게는 문제가 생겼을 때 도움을 요청할 사장이라도 있지만, 사장은 최종 책임을 지는 입장이기 때문에 의지할 사람이 없다. 고독한 자리인 것이다. 죽을 때까지 회사와 운명 공동체인 것은 유일하게 사장 한 사람뿐이다. 이렇게 입장이 다르기에 똑같은 풍경도 다른 경치로 보이는 것은 당연하다.

사장만이 짊어지는 이러한 긴장감, 절박함은 경험해봐야만 알 수 있다. 후계자는 사장의 업무 중 일부라도 맡아봐야 비로소 사장이 짊어지는 짐의 무게와 질을 알고 사장이 선 발판의 불안함을 느낄 수 있다. 그렇게 해야 사장이 다진 각오의 크기와 깊이를 알고, 사장이 보고 있는 경치를 어렴풋이라도 보게 된다. 사장 자리에 오른다는 것이 어떤 것인지 알게 되는 것이다.

지속 가능한 회사를 만들고 계속 번영케 하려면 후계자에게 역경을 경험하게 함으로써 후계자 스스로 성장하게 하는 방법밖에 없다.

어떻게 맡겨야 할까?

중소기업의 사장은 입버릇처럼 '우리 회사에는 인재가 없다'고 말하고는 한다. 그러나 정확하게는 인재가 없는 것이 아니라 인재를 키우지 않는 것이다. 이는 부하 직원을 믿지 못해 일을 맡기지 않는 사장들의 특징이다.

맡길 수 있는 인재가 없다는 것은 맞는 말일 것이다. 하지만 부하 직원에게 위임하기를 꺼리면 회사의 성장은 기대할 수 없다. 직원을 믿지 않는다는 것은 씨도 뿌리지 않고 꽃과 열매가 열리지 않는다고 한탄하는 것과 같다. 설령 씨를 뿌렸다 해도 다음날 바로 싹이 트는 것은 아니다. 사람도 식물도 성장하는 데 시간이 걸린다. 그러나 시간은 마이너스 요인이 아니다. 인재 육성에서 시간은 꼭 필요한 조건임을 명심해야 한다.

그런가 하면 자신의 능력을 과신하는 사장은 다음의 말을 음미해보길 바란다.

'사람은 자신의 능력은 최소 40퍼센트 과대평가하고 다른 사람의 능력은 최소 40퍼센트 과소평가한다'고 한다. 그러나 사실 자신의 능력은 자신이 생각한 만큼 높지 않고, 반대로 부하 직원의 능력은 상사가 생각한 것만큼 낮지 않다. 위아래로 40퍼센트씩 총 80퍼센트, 이 차이는 엄청나게 크다!

정확하게 맡기는 방법을 모르는 경우라면 배우면 된다. 무엇을 배워야 할까?

우선 인내를 배워야 한다. 영국 해군에 '선장은 피가 날 정도로 입술을 깨문다'라는 말이 있다. 위임을 할 때 상사에게는 인내가 필요하다. 그러나 참지 못하고 참견하면 그 순간 위임을 한 의미가 사라지고 만다.

일을 맡길 때 또 하나 중요한 것이 있다. 그것은 사전 평가를 거쳐야 한다는 것이다. 말하자면 사람을 보고 맡길 일이나 맡길 정도를 선택하라는 뜻이다. 사람에 따라서는 맡긴 일의 중압감을 이겨내지 못하는 사람도 있을 수 있기 때문이다.

그 사람에게는 무엇을 얼마나 맡기면 좋을지 사전 평가를 해놓으면 일을 맡길 때 최적의 사람에게 최적의 일을 맡길 수 있다.

사장이 부하 직원에게
절대로 양보하면 안 되는 것

자신이 없어서 부하 직원에게 일을 맡기지 않는 경우에는 일을 맡길 적임자를 선택할 때도 자신이 없고, 부하 직원에게 맡긴 후 가만히 지켜볼 자신도 없는 사람이다. 이런 사장은 자신이 할 수 없는 일을 부하 직원에게 맡긴 후에도 안심하지 못하는 경우가 많다.

적임자를 선택하지 못한다는 것은 사전 평가의 기준이 마련되어 있지 않기 때문인 경우가 대부분이다. 사전 평가 기준을 명확히 하려면 맡겨야 할 일을 조사해 그 일을 수행하는 데 필요한 기술과 마인드의 수준을 미리 설정해봐야 한다.

'나도 못하는 일을 부하 직원에게 맡길 수 있을까?' 하고 불안해하는 경우에는 회사와 직원은 서로 부족한 부분을 보완하는 관계라는 사실을 재차 확인해야 한다.

사장은 못하는 어떤 일을 부하 직원은 능숙하게 처리할 수도 있다. 그런 부하 직원이 있을 경우 일을 맡기면 된다. 기술이 있는 사람에게는 그 기술에 맞는 일을 맡기면 된다. 대신 사장이 부하 직원에게 절대로 양보하면 안 되는 것이 있는데, 회사의 이념과 전략, 추구하는 인재상을 결정하는 일이다.

또 맡긴 이상은 실패하더라도 마지막 뒤처리는 사장이 하겠다는 기백과 각오로 부하 직원을 독려해야 한다. 그것이야말로 사장의 인간력에서 나온다.

DELEGATION

권한 위임은 YES,
권위 위임은 NO!

상사는 칭찬하려고 한 말이라도 젊은 부하 직원은 칭찬받은 것 같지 않은 기분이 드는 것은 직장에서 흔히 일어나는 일이다. 그 배경으로는 세대 간 가치관의 차이, 남녀 간 정서의 차이 등을 들 수 있다. 커뮤니케이션의 원칙 측면에서 볼 때 칭찬했지만 상대방에게 통하지 않았다면 그것은 칭찬한 사람의 커뮤니케이션 기술에 문제가 있기 때문이다.

어디까지나 일반론이지만 남자는 결과를 칭찬하고 여자는 과정을 칭찬한다고 한다. 따라서 칭찬할 때 남자에게는 '잘했어!'

라고 결과를 칭찬하고 여자에게는 '열심히 노력했군'이라고 과정에 대해 위로하는 것이 좋다.

물론 성별에 따른 이런 구분이 다 옳다고 할 수는 없지만, 결과를 칭찬해주길 바라는 남자에게 '열심히 노력했군'이라고 하면 뭔가 부족하다고 느낄 수 있다.

권한을 위임할 때 위임 받은 사람은 위임한 사람이 생각하는 것만큼 위임에 큰 의미를 두지 않는 경우도 많다. '상사가 맡긴다고 했지만 조금도 맡기지 않았다'고 생각한 부하직원이 90퍼센트에 달한다는 설문조사 결과를 봐도 알 수 있다.

일을 맡기더라도 부하 직원은 일을 맡은 이상 자신의 생각대로 일하고 싶어 하지만 상사는 어디까지나 자신의 손바닥 위에서 해주지 않으면 성에 차지 않는다. 이런 인식의 차이가 생기면 상사와 부하 직원의 신뢰관계에 금이 갈 뿐만 아니라 부하 직원이 실망한 만큼 생산성도 저하된다.

인식의 차이를 만들지 않으려면 미리 부하 직원에게 맡길 범위를 설정해 놓고 서로 같은 평가 기준을 정해 공유해야 한다. 그리고 공유 인식의 범위 내에서 일어나는 일에 대해 상사는 어지간해서는 참견하지 않도록 해야 하며, 이런 원칙을 정했다면 상사는 철저하게 지켜야 한다.

권한 위임의
장점 3가지

위임에는 세 가지 장점이 있다.

- 사람이 성장한다.
- 사장이 해야 할 일에 전념할 시간이 생긴다.
- 새로운 사업을 시작할 수 있다.

일을 맡길 때 사람이 성장한다는 사실은 이미 앞에서 여러 번 설명한 바 있다. 사장에게 시간이 생긴다는 것도 당연한 얘기다. 사장 업무의 일부를 부하 직원에게 맡기면 사장에게 여유가 생긴다. 여유가 생기면 사장의 가장 중요한 일인 새로운 사업 구상도 할 수 있고, 지금까지 바빠서 검토하지 못했던 문제들도 처리할 수 있다.

사장에게 여유가 생겨서 사장이 하는 업무의 질이 올라가면 당연히 회사의 질도 올라간다. 직원에게 일을 맡기면 직원의 질이 올라가고, 자연스럽게 사장의 질이 올라가며, 회사의 질도 올라가는 것이다. 따라서 위임의 장점은 최종적으로 회사의 업적 향상으로 이어진다.

권한 위임을 통해 얻을 수 있는 것은 현재의 업적 향상뿐만이 아니다. 사장은 새로운 사업을 구상함으로써 미래의 자산을 만들 수 있다. 따라서 위임의 장점은 현재뿐 아니라 미래에도 그 영향이 미치게 된다.

권한 위임은 YES, 권위 위임은 NO!

그렇다고 모든 권한을 위임하라는 뜻은 아니다. 사장의 권한에는 위임해도 되는 권한과 위임하면 안 되는 권한이 있다. 그리고 사장에게는 또 하나 위임할 수 없는 것이 있는데, 그것은 권위다. 권한은 부분적으로 위임할 수 있어도 권위는 위임할 수 없다. 권위는 인격 자체에서 나오는 것이기 때문이다.

어느 부품 제조회사에서 막 사장자리에 오른 젊은 사장이 취임 후 거래처와의 계약 조건을 일괄적으로 변경했다. 그러나 오래된 거래처들은 일괄적인 조건 변경에 반발해 제조회사와 마찰을 빚었다.

갈등이 커지자 결국 제조회사는 거래 조건을 원래대로 되돌리기로 했지만, 오래된 거래처 사장들의 화는 가라앉질 않았다.

신임 사장은 거래처에 사과하며 다녔지만 거래처 사장들은 그를 전혀 상대해주지 않았다.

난처해진 신임 사장은 어찌할 바를 몰라 하다가 결국 선대 사장인 회장에게 도움을 청했다. 회장은 젊은 사장과 함께 거래처에 사과를 하기로 했는데, 회장이 방문하자 거래처 사장들은 젊은 사장을 대할 때와는 180도 다른 모습을 보였다. 거래처 사장들은 회장이 머리를 숙이자 '이번 일은 없었던 일로 하겠다'며 관대한 태도로 말했다. 그렇게 해서 한때 회사를 경영 위기로 빠뜨릴 수도 있었던 문제가 어이없을 정도로 쉽게 마무리되었다.

회장과 오래된 거래처 사장들은 서로 회사는 달라도 힘을 합쳐서 지금의 업계를 일으켜 세워온 파트너였고, 그 중심에는 회장이 있었다. 회장은 실력, 덕망 모두 훌륭해서 주위에서 인정하는 리더였다.

새 사장은 회장에게서 권한을 위임받았다. 그렇기에 사장의 일방적인 판단으로 거래처와의 계약 조건을 일괄적으로 변경하는 방침을 정할 수 있다. 하지만 회장으로부터 권위는 물려받지 못했다. 회장의 권위는 회장이 지니는 인간성과 실적으로 구축된 속인적인 요소이기 때문이다. 진짜 권위는 인간력 자체에서 나오는 것이다.

회사의 전통이나 브랜드는 계승할 수 있어도 권위는 계승할

도표 5 위임할 수 있는 권한 vs. 위임할 수 없는 권한

위임할 수 있는 것	위임할 수 없는 것
전술	기업의 방향성
실행 계획	(이념, 목표, 전략)
진척 관리	바라는 인재상
⋮	⋮
실행 확인	⋮
부서(개인) 결과에 대한 책임	최종 결과에 대한 책임

수 없다. 이것만은 부모 자식 간이라 할지라도 불가능하다. 권위
라는 인간력은 다른 사람에게 양도받을 수 있는 것이 아니라 본
인이 직접 구축하는 수밖에 없다. 위의 회장은 조기에 사장자리
를 양도함으로써 신임 사장에게 권위를 구축할 시간을 주고자
했던 것이다.

기업의 방향성은
누가 뭐래도 사장의 몫

부하 직원에게 권한을 위임할 때는 한번에 다 위임하는 것이 중요하다. 구체적으로는 위임 후 도중에 참견하지 않아야 하며, 중간에 보고해주기를 바라는 충동적인 마음도 완전히 내려놓아야 한다.

일을 맡긴 이상 가만히 지켜보는 것이 기본인데, 이때 부하 직원에게 반드시 지키게 해야 하는 일도 있다. 물론 부하 직원이 지켜야 할 일은 사전에 미리 공유해야 한다. 이렇게 해도 앞에서 말한 것처럼 서로의 인식이 정확하게 일치하는 것은 아니다.

그렇다면 부하 직원에게 지키게 해야 하는 일이란 무엇일까?

기업 이념, 목표, 전략 등 기업의 '방향성'으로, 이런 것들은 사장이 전권을 갖는다. 아무리 우수한 직원이라 해도 기업의 방향성에 위배되는 행동은 허용하면 안 된다. 그러기 위해서는 다음의 공식을 지켜야 한다.

권한 위임+코칭 = **임파워먼트**(empowerment)

코칭은 사소한 일에 세세하게 참견하는 것이 아니다. 세부적인 일은 맡기면 된다. 코칭은 일을 맡은 부하 직원이 잘못된 방향으로 가지 않도록 조언하고 방침을 지도하는 것이다.

행동은 포부에 의해 결정된다. 포부는 마음이 가리키는 방향으로, 포부가 잘못 설정되면 아무리 능력 있고 아무리 우수한 재능을 보유한 사람이라도 잘못된 결과를 낳게 된다. 그래서 매사에 포부가 중요하다. 기업에서는 기업 이념이 바로 포부다.

행동을 결과로 평가하는 것은 쉽지만 결과만으로 판단하는 것은 결과론에 지나지 않는다. 아직 결과가 나오지 않은 단계에서 행동의 옳고 그름을 판단하려면 기업 이념과 거기에서 도출된 방침, 전략에 따랐는가 따르지 않았는가를 기준으로 삼아야한다. 즉, 코칭은 기업 이념과 방침에 위배되는 판단이나 행동을 하지 않도록, 전략에 어긋난 일을 하지 않도록 부하 직원에게 조언, 지시하는 것이다.

일하는 방식에
참견하지 않는다

코칭은 근본 원칙에서 벗어나지 않는 한도 내에서 해야 한다. 그 외의 사소한 일은 위임해도 된다. 그것이 위임할 때의 마음가짐이다.

　미국 시애틀에 본사를 둔 노드스트롬은 미국에서 가장 큰 백화점 체인이다. 노드스트롬에는 매장에서 팔지 않은 타이어를 반품해주고, 매장에 비행기 티켓을 놓고 간 고객을 쫓아 공항까지 가서 전해주고, 재고가 없는 물품이라도 고객이 원하면 다른 매장에서 구해줬다는 전설이 전해오고 있다.

　그 대부분의 전설은 사실이지만, 이 회사가 직원들에게 그런 교육을 시키는 것은 아니다. 현장의 직원이 지켜야 할 것은 하나의 목표와 하나의 규칙뿐이다. 노드스트롬의 가장 큰 목표는 '고객에게 남다른 서비스를 제공하는 것'이며, 규칙은 '어떤 상황에서나 판단력을 효과적으로 활용하는 것'뿐이다. 그리고 일하는 방식은 정해진 바가 없다. 전부 현장에 맡긴다. 이 두 가지를 현장 직원들이 어떤 상황에서 어떻게 실현하느냐는 현장에서 판단한다. 즉 판매하지 않은 타이어를 반품해주거나 고객의 분실물을 일부러 택시까지 타고 가서 전해주는 것, 매장에 없지만 고객이 원하는 상품을 다른 매장에서 구해 고객의 요구를 들어주는 것도 현장이 판단해서 실행한 일이다.

하지만 방식에 대한 자율권을 준 이상 그 결과에 대해 책임져야 한다. 고객의 분실물을 전해주기 위해서 택시비를 써도 되지만 그 이상의 매출을 올리는 것이 현장의 책임이다. 이 점에서 노드스트롬은 타협하지 않는다.

70퍼센트의 정확성만 있다면
결단은 최대한 신속하게!

민주주의의 원칙은 다수결로 매사를 결정하는 것이다. 기업 경영도 이처럼 민주적으로 여러 사람이 모여 의견을 나누면서 한다. 그러나 치열하게 논의한 뒤 마지막 결정은 사장이 내린다. 아무리 우수한 부하 직원이 있다 해도 마지막 결정은 사장의 뜻으로 이뤄져야 한다.

민주주의는 자칫 잘못하면 떼법을 양산할 위험이 있다. 집단의 의사 결정은 '집단적 사고(group thinking)'라는 한계에 빠질 수 있는데, 이때 결정권자가 중심을 잘 잡아야 한다.

마하트마 간디는 "대중을 지도하고자 하는 사람은 대중에게 지도받는 것을 무엇보다 거부해야 한다"라고 했다. 또 토마스 만은 "대중의 목소리는 아무리 모여도 소음일 뿐이며 음악은 될 수 없다"라고 했다.

기업 경영이 다수결에 의해 결정된다면 사장은 필요 없게 된다. 마지막은 사장이 결정하는 것이 경영의 원리원칙이다. 이 말은 결정할 수 없는 사장은 사장이 아니라는 뜻이기도 하며, 따라서 사장은 결정하는 사람이라고 할 수 있다.

결정하는 행위는 그 뒤가 없다는 것을 의미한다. 직원 위에는 상사가 있고, 상사 위에는 임원이 있다. 임원 위에는 상무, 전무 혹은 부사장이 있다. 그리고 그 위에는 사장이 있다. 그러나 사장 위에는 아무도 없다. 위에 아무도 없다는 불안감과 고독감은 경험해본 사람만이 알 수 있다. 사장은 불안감과 고독감을 극복하고 혼자서 의사결정을 해야 한다. 혼자서 옳고 그름을 판단하고 결정을 내려야 한다.

단, 그 전에 여러 사람과 치열한 논의 과정을 거치면서 중론을 모아야 한다. 이런 과정을 거치는 경영자는 혼자 다 결정하지만 모든 권력을 차지하고 일을 독단적으로 처리하는 독재자와는 다르다.

'중론을 모은다'는 것은 모든 사람의 의견을 각자의 입장을 초월해 경청하는 것을 말한다. 다른 사람들의 의견을 억누르지 않으며, 의견에 귀를 닫아서도 안 된다. 그리고 마지막에는 사장 혼자서 결정해야 한다.

사장은 결정을
어떻게 해야 할까?

결정을 하는 방법에도 좋은 방법과 나쁜 방법이 있다. 가장 나쁜 방법은 애초에 결정할 수 없는 상황인 경우를 말한다. 그 다음으로 나쁜 것은 결정하기까지 시간을 너무 오래 끄는 경우다. 사장의 의사 결정 지연은 때로는 기업 파산의 빌미가 되기도 한다. 따라서 경영의 세계에서 시간은 목숨과도 같다고 할 수 있다. 비즈니스 세계에는 '시간을 오래 끌어 완벽하기보다 실수를 하더라도 서두르는 게 낫다'는 철칙이 있다. '먼저 행동하는 사람이 이득'인 것이다.

빠르게 의사 결정을 내린 탓에 일이 잘못된 경우에는 시간을 벌어두었기 때문에 문제를 해결할 기회가 있다. 그러면 크게 손해 보지 않고 끝날 수 있다. 그러나 결정이 늦은 데다 그 결정이 잘못된 경우에는 출혈 과다로 수습할 때를 놓치게 된다. 그날 생긴 문제는 그날 처리하는 것이 가장 좋다. 그 주에 생긴 문제는 그주에 처리하는 것이 차선책이다.

우유부단함은 작은 과제를 심각한 문제로 확대시킨다. 따라서 사장이나 리더는 자신의 결정에 일관성이 없더라도 두려워하면 안 된다. 일관성을 유지하려다가 회사를 궁지로 몰아넣는 것이야말로 본말이 전도되는 것이기 때문이다. 아침에 내린 결정과 오후에 내린 결정이 달라 문제가 발생했다면 상황에 유연하게 대처해 그날 생긴 문제를 그날 중에 처리하면 된다.

의사결정의 생명은 속도다. 그리고 결정을 다시 할 때도 속도가 생명이다. 쉽게 결론이 나지 않아 질질 끌며 결정을 연기하면 기회라는 이름의 버스는 그대로 떠나버리고 만다.

결단은
70점 주의로!

의사 결정을 할 때 속도만큼 중요한 것이 또 하나 있다. 그것은 위험을 명확하게 인식하고, 기꺼이 그 위험을 무릅쓰는 것이다.

'결정'과 '결단'은 '결정한다'는 공통점을 가지고 있지만 그 의미와 무게는 전혀 다르다. 결정은 인간력이 없어도 할 수 있지만,

결단에는 인간력이 필요하다. 결정에는 숫자와 데이터가 충분히 뒷받침되며, 여러 선택지 중 상대적으로 뛰어난 방향을 선택하는 것이다. 한편 결단에는 충분한 정보가 주어지지 않는다. 기껏해야 약 70퍼센트, 자칫 잘못하면 60퍼센트 정도만 겨우 갖추어진다. 정보가 부족하기 때문에 결단에는 늘 위험이 따른다. 결단은 즉, 위험을 무릅쓰고 결정하는 것이다. 결정은 인간의 머리가 만들어내는 행위인 반면, 결단은 그 사람의 온 몸과 온 마음을 쏟아부어야 하는 행위이다. 죽음도 각오할 만한 용기가 필요한 것이다.

소프트뱅크 그룹 중 한 회사가 경영 위기에 직면했을 때 한 직원이 회사가 내릴 수 있는 여러 선택지들을 정리해 그룹 대표인 손정의를 찾아갔다. 그 직원이 준비한 선택지들에는 각각의 효과와 위험이 명기되어 있었다.

그때 손정의는 위험이 가장 적은 방법이 아니라 위험은 크지만 기대 효과가 가장 크다고 생각되는 방법을 선택했다. 어떤 위험이 따를지 분명히 명기되어 있었지만, 위험에만 주목하면 중요한 결단을 내릴 수 없게 된다. 손정의는 위험을 두려워하지 않고 목적에 가장 가까이 갈 수 있는 방법을 선택한 것이다.

손정의가 그런 결정을 하기까지 들인 시간은 약 한 시간 정도였다고 한다. 하지만 그 한 시간의 대부분도 부하 직원이 여러 선택지의 효과와 위험에 대해 설명하는 데 사용됐다. 결단을 내리는 데는 몇 분 걸리지 않은 것이다. 결단 역시 속도가 생명이다.

평범한 사람에게 모든 것을 철저히 계산해서 결단한다는 것은 어려운 일이다. 그럼 어떻게 해야 할까? 나는 결정, 결단은 예나 지금이나 '70점 주의'로 하고 있다. 30퍼센트의 모호함과 의문점, 불안은 남겨둔 채 결정하는 것이다. 판단의 정확성도 70퍼센트 이상을 바라지 않는다.

70점으로는 불안하다고 느끼는 사람도 있을 것이다. 그렇지만 80점, 90점으로 결단의 정확도를 올리려면 그만큼 시간이 걸린다. 아무리 시간을 들이더라도 신이 아닌 이상 사람이 완벽을 기한다는 것은 불가능하다. '분석 마비(analysis paralysis)'라는 말이 있다. 이 말은 분석하는 데 시간을 들이는 동안 조직은 마비된다는 의미다. 100점을 추구한다고 해도 반드시 어느 정도의 위험은 남게 마련이다. 게다가 시간이 더 걸리면 걸릴수록 때를 놓치게 될 위험 또한 높아진다. 70점을 추구해 불안하다 해도 우유부단함의 함정에 빠지는 것보다는 훨씬 낫다. 따라서 경영자는 70점 주의로 결단을 내리는 사람이어야 한다.

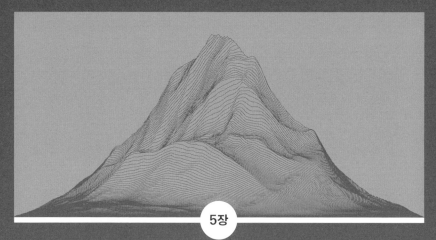

5장

회사의 이익을 높이는 방법과 존경받는 방법은 똑같다

윤리관 · 기업가 정신

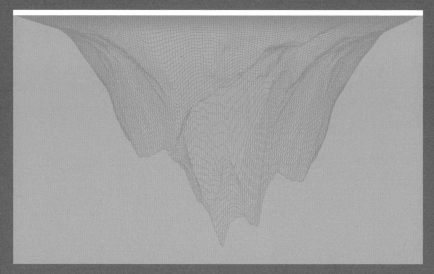

현대의 윤리관은 기술의 변화와 함께 변모하는 듯하다. 윤리의식보다 재능을 더 귀하게 여기는 것이다. 하지만 사람은 진심으로 윤리의식을 추구하는 동물이다. 기업이 영속적으로 발전하려면 이런 인간의 본능적 욕구에 따라 기업과 리더가 윤리의식을 갖추어야 한다.

일류를 지향하면서
무임승차하려고 하는가?

존슨앤드존슨의 전 CEO 제임스 버크는 경영자에게 필요한 가장 중요한 자질로 '평균을 웃도는 지성'과 '극도로 높은 윤리의식'을 꼽은 바 있다.

'기업의 윤리의식'이라고 하면 '법령 준수'라는 말이 머릿속에 떠오른다. 하지만 법령 준수는 기업의 행동 규범 중 가장 기본이 되는 규범이다. 법에 저촉되는 일, 극단적으로 말해 감옥에 들어갈 만한 나쁜 짓을 하면 안 되는 것은 너무나 당연하다. 규모에 관계없이 일류 기업이 되고자 한다면 법령을 준수하는 데서 만족하면 안 된다.

법령 준수의 본질은 제임스 버크가 말한 '극도로 높은 윤리의식'에 있다. 따라서 법령 준수를 정확하게 표현하자면 '법덕(法德) 준수'가 되어야 한다.

2016년 봄, 국제탐사보도언론인협회(ICIJ)는 '파나마 페이퍼스'의 존재를 폭로하며, '조세 피난처' 이용자 목록과 방대한 금융 거래 데이터를 세상에 알렸다. 조세 피난처(Tax Haven)란, 기업의 본사 또는 자회사의 법인세가 현저히 낮거나 또는 과세하지 않는 지역이나 국가를 말한다. 엄밀하게 말하면 이런 곳을 이용하는 것이 법률을 위반하는 것이 아닐 수 있지만 왠지 모르게 수상하고 더러운 느낌이 드는 것이 사실이다.

일류를 지향하면서 무임승차하려고 하는가?

글로벌 기업의 경우 사업상 꼭 필요해서 조세 피난처에 회사를 설립하는 경우도 있어서 이런 경우 꼭 세금을 회피하기 위함이라고 할 수 없지만, 세금 회피가 목적인 경우도 적지 않다.

기업 활동을 하기 위해서는 반드시 도로 및 다리 등 사회 인프라가 정비되어야 한다. 이런 사회 인프라의 재원은 세금으로 마련한다. 모두가 열심히 벌어서 낸 세금으로 만든 인프라를 세금을 내지 않은 기업이 공짜로 사용한다면 이는 일종의 사기이자 도둑질과 같다. 세금을 낼 수 있는데도 내지 않으니 더욱 악의적인 행위라 할 수 있다.

세금을 회피할 목적으로 조세 피난처를 이용하더라도 위법으로 판단하지 않는 경우가 많다. 그러나 위법은 아닐지라도 사회 구성원이 공동으로 낸 세금으로 만든 인프라를 공짜로 사용한다면 이는 칭찬받을 일이 못된다.

세계 일류 기업이라고 자칭하는 대기업의 오너 중에도 세금을 내지 않기 위해 온갖 편법을 동원하는 사람들이 있다. 언뜻 보기에 합법적인 온갖 수단으로 이익을 축소 신고해 세금을 줄이는 것이다. 놀랍게도 비즈니스 분야의 잡지나 서적은 아직도 이런 오너 기업인들의 경영 기법을 칭찬하는 내용으로 가득하다.

윤리의식이 부족한
기업의 말로

기업의 행동은 사장에 의해 결정된다. 사장이 높은 윤리관을 배경으로 기업을 경영하면 기업도 윤리경영을 하게 되며, 사장에게 윤리의식이 부족하면 기업이 아무리 성장해도 어딘가에서 불상사가 일어나고 만다.

사람은 본능적으로 이익과 윤리를 추구하는 동물이다. 소인, 어리석은 자, 현자는 자신은 이익을 추구하는 마음뿐이면서 다른 사람에게서는 덕을 바란다. 특히 기업이나 관공서 입장에 있는 사람에게는 높은 윤리의식을 요구한다. 따라서 윤리의식이 없는 기업이나 경영자는 계속 생존하기가 어렵다.

언뜻 보기에 현대의 윤리관은 기술의 변화와 함께 변모하는 듯하다. 윤리의식보다 재능을 더 귀하게 여기는 것이다. 하지만 사람은 진심으로 윤리의식을 추구하는 동물이다. 기업이 영속적으로 발전하려면 이런 인간의 본능적 욕구에 따라 기업과 리더가 윤리의식을 갖추어야 한다. 이런 윤리의식이야말로 진짜 이득을 부른다는 것을 명심하자.

더 큰 이익을 추구하라

무사에게는 무사도가 있고 상인에게는 상도가 있다. 그와 마찬가지로 기업가에게는 기업가가 터득해야 할 도(道)가 있다.

기업가가 터득해야 할 도란 쉽게 말해 돈벌이와 도덕, 둘 다 추구하는 것이다. 돈벌이가 서투르면 기업이 망한다. 그렇다고 해서 돈벌이에만 치중하면 기업이 존재할 가치가 없다.

미국의 추리소설가 레이먼드 챈들러는 자신의 대표작《원점회귀 Playback》에서 "남자는 터프하지 않으면 살 수가 없고 부드럽지 않으면 살 자격이 없다"라고 했다. 이 말을 비즈니스에 적용해보면 "기업은 돈을 벌지 않으면 살 수가 없고 사회적으로 쓸모가 없으면 살 자격이 없다"가 된다.

도덕과 거리가 먼 장사 솜씨는 진짜 장사 솜씨가 아니다. 일본 경제의 기초를 쌓아올린 시부사와 에이이치는 말했다.

"모든 일이 어떻게 하면 도리에 적합한지 먼저 생각하고, 그 도리에 적합한 방법을 실천하면 국가와 사회에 이익을 가져오게 되는지 생각하며, 또 이렇게 하면 자기에게 도움이 되는지 생각한다. 그렇게 생각했을 때 그 일이 자기에게는 도움이 되지 않지만 도리에 적합하고 국가와 사회에도 이익이 된다면 나는 단호히 자기를 버리고 도리가 있는 곳을 따를 생각이다."

리더라면 자기 자신의 이익을 넘어 더 큰 이익을 추구할 수 있어야 한다는 의미일 것이다.

재물을 쌓는 것과
도를 이루는 것은 같다

군자 같은 훌륭한 사람도 재산을 축적하고 싶어 한다. 그러나 그들의 방법은 자연스럽고 옳다. 재산을 축적하기 위해 수단과 방법을 가리지 않는다는 것은 말도 안 된다.

돈벌이를 떳떳하지 못한 일로 여기고 부끄럽게 생각한다면, 그것은 마음가짐 때문이다. '어떤 사업으로 돈을 버는가', '옳은 방법으로 돈을 버는가'가 문제다.

기업가의 목적은 사업을 하는 데 있다. 목적이 명확하고 수단과 방법이 올바르면 결과는 저절로 따라오게 된다. 그것이 경영의 왕도이며, 기업이 지속적으로 번영하기 위한 옳은 길이다.

회사의 격과 덕을
높이는 확실한 방법

사장의 인격이 높으면 회사의 격도 함께 높아진다. 마찬가지로 사장의 인덕이 높으면 회사의 덕도 높아진다.

인격과 인덕을 일상에서는 쉽게 헤아릴 수 없듯이 회사의 격과 덕도 평소에는 잘 드러나지 않는다. 회사가 성장하는 추세일 때는 약간의 문제가 있더라도 쉽게 은폐된다. 하지만 위기가 찾아오면 회사의 덕과 격이 확실한 형태로 나타나 온전하게 힘을 발휘하게 된다.

일본의 미쓰비시자동차, 도시바, 고베제강은 모두 역사와 전통이 있는 기업이다. 그렇지만 선배들이 땀 흘려 일군 이 기업들도 위기를 피하지 못하고 큰 손해를 입었다. 손해의 근원은 사장의 위기관리 능력 미비와 변변치 않은 인덕 때문이었다.

회사의 격과 덕은
직원을 강하게 한다

회사의 격과 덕의 영향력은 직원들에게 가장 크게 미친다. 영업능력이 같거나 다른 사람보다 조금 뒤떨어진다 해도 자기 회사의 격이나 덕에 공감하는 사람은 자기가 판매하는 상품, 서비스를 자신감과 긍지를 가지고 추천한다. 그런 직원의 말 한 마디 한 마디에는 힘이 담겨 있다. 자기 회사의 격과 덕을 믿지 않는 직원이 가지고 있는 힘과는 뚜렷한 차이가 있다.

업계 최고 기업과 그렇지 않은 기업의 가장 근원적인 차이는 직원의 긍지와 자신감의 유무에 달려 있다. 예를 들어 주택 영업을 하는 경우라면, 일반 고객은 눈으로 보는 것만으로 주택의 기능이나 장단점을 판단하기 어렵다. 이럴 때 고객은 대부분 영업사원의 태도를 보고 구매 결정을 한다. 담당 영업 사원에게 진심에서 우러나는 자신감과 긍지가 있으면 그것이 이심전심으로 고객에게 전달된다. 이런 영업 사원은 고객에게는 마음 든든한 지원군이 된다.

이처럼 회사의 격과 덕은 직원을 통해 고객에게 전달된다. 고객에게 통한 회사의 격과 덕은 점점 사회로 전달된다. 그렇게 해서 회사의 격과 덕은 회사, 직원, 고객을 거쳐 사회에 공통적으로 인식되게 된다. 그것이 쌓이면 신용, 신뢰라는 가치 있는 재산이 된다.

사장자리에 앉은 사람의
경쟁 상대는 누구?

인류는 크게 '만족하는 부류'와 '만족하지 못하는 부류'로 나뉜다. '이만큼 했으면 충분하다'고 만족하거나 위기가 계속되면 '더는 안 되겠다'라고 일찌감치 좌절하는 사람이 만족하는 부류다. 반대로 만족하지 못하는 부류는 결과가 좋든 나쁘든 '아직 더 할 수 있다'고 생각한다.

기업의 경영자는 대체적으로 만족하지 못하는 부류가 많다. 만족하지 못하는 부류가 자칫 욕심 많은 사람으로 보이기도 하고, 만족하는 부류가 청렴한 사람처럼 보이기도 한다. 하지만 만족할 줄 안다는 것이 곧 포기가 빠르다는 의미가 아니듯 만족하지 못하는 부류가 단순히 탐욕적인 것은 아니다.

결론부터 말하자면 일찌감치 좌절하는 것보다 탐욕스러운 쪽이 리더로서는 훨씬 바람직하다.

과거 나의 상사였던 한 영국인은 이런 말을 했다.

"당신이 자신은 충분히 좋다고 생각하면 그 순간부터 당신은 과거의 사람이다."

이 말은 훌륭한 경영자는 '긍정적 불만(positive discontent)'의 소유자라는 의미이기도 하다. 기업을 경영하다보면 순풍이 불 때가 있는데, 이때도 기업 자체에 부력이 있는 것은 아니다. 사장자리에 앉은 사람을 중심으로 전 직원이 힘을 모아야 기업은 그 순풍에 올라탈 수 있다. '이 정도 높이면 이제 안심해도 된다'며 거기서 힘을 빼면 바로 추락하고 만다. 추락의 끝은 무엇일까? 다름 아닌 도산이다.

영어 표현 중에는 'revenge of success'라는 말이 있다. '성공의 복수'라고 해석할 수 있다. 회사는 매일이 창업이다. 회사가 안정적이고 일단 안심할 만한 정도가 되었다고 어제까지의 성공에 취해 방심하면 자기도 모르는 사이에 회사의 고도가 떨어져서 지표면에 가까워질 수 있다. 사장이 '이걸로 충분하다'고 생각하는 순간부터 회사는 노화되기 시작한다는 것을 다시 한

번 기억하자.

오늘의 자신에게 만족하는 것은 기업을 리드하는 사장에게는 매우 위험한 행위다. 만족감을 느낀다는 것은 현 상태를 안이하게 바라본다는 의미이며, 긴장감이 결여되어 있다는 의미다.

변하지 않는 것은
'끊임없이 변화한다'는 사실뿐

현재 세상을 리드하는 회사는 애플, 마이크로소프트 등 소수를 제외하면 대부분 1980년대에는 존재하지 않았거나 존재했더라도 매우 규모가 작은 회사였다. 세상이 달라지면 비즈니스도 달라진다. 미국을 대표하는 초우량 기업으로 높이 평가받던 GE 조차도 업적 부진으로 다우지수 목록에서 제외되고 말았다.

사회 인프라가 달라지고 IT화가 가속화되고 있다. 그에 따라 기존의 산업들도 IT 환경에 맞는 비즈니스모델로 변화해야 한다. 단적으로는 그동안 경제의 중추를 담당해왔던 은행도 모바일 은행, 가상 통화 등의 출현으로 서서히 그 입지가 흔들리고 있다. 유통업이나 운수업의 업태가 달라지는 것도 더 이상 피할 수 없는 일이다.

세상에 불변하는 것은 없다. 만약 비즈니스맨에게 유일하게 변화하지 않는 것이 있다면, 그것은 '세상은 계속 변화한다'는 사실뿐일 것이다.

고객 창조를 위해 스스로 변화하라

약 50년 전 피터 드러커는 "기업은 마케팅과 혁신을 통해 고객을 창조한다"고 했다. 고객 창조란, 기존 사업에서 신규 고객을 개척하는 것만을 뜻하는 것은 아니다. 신규 사업을 일으켜서 기존 고객을 신규 사업의 고객으로 만드는 것도 고객 창조이며, 완전히 새로운 고객을 개척하는 것도 고객 창조다.

기존 고객은 반드시 감소하게 돼 있다. 붙잡으려고 아무리 노력해도 해마다 몇 퍼센트는 떠나는 것이 현실이다. 따라서 기업이 계속 생존하기 위해서는 반드시 일정 정도 이상의 신규 고객을 개척해야 한다.

새로운 고객을 창조하기 위해 기업은 기업 윤리를 지키면서 변화를 시도해야 한다. 이때도 사장자리에 앉은 사람의 마음이 가장 먼저 변화를 받아들여야 한다.

변화와 정면승부하지 않으면
아무것도 달라지지 않는다

변화란 새로운 것에 맞서는 것이다. 새로운 것에 맞서려면 그 전에 먼저 맞서야 할 것이 있다. 바로 지금의 자기 자신이다.

맞선다는 것은 도전한다는 것이다. 그리고 도전이란 현재보다 강한 것을 상대한다는 것을 의미한다. '자신의 마음'이라는 내부의 적은 외부의 적보다 수십 배는 더 성가신 존재다. 온 몸과 마음을 다해 맞서야 겨우 극복할 수 있는 어려운 존재다.

오늘의 자신을 뛰어넘으려면 오늘까지의 자신을 부정하고, 오늘의 자신은 미처 개척하지 못한 분야로 나아가야 한다.

사람은 본능적으로 모르는 일, 경험하지 않은 일을 피하려고 한다. 그것을 극복하기 위한 조건 하나는 호기심이며, 또 하나는 자기 자신을 이기는 힘이다. 자신을 이긴다는 것은 즉 두려움을 극복한다는 말이다.

변화한다는 것은 미지의 분야에 뛰어드는 것이며, 두려움을 극복하고 도전하는 것이다. 도전하는 이상 실패할 수도 있다. 이런 실패는 두려움의 원인 중 하나인데, 사장이 그런 두려움을 극복하고 나아갈 때 사장 자신은 물론 회사도 비로소 변화에 이를 수 있다.

인생은 항상
오늘이 첫날!

변화를 뜻하는 'CHANGE'라는 단어의 알파벳 'G'에는 작은 'T'가 붙어 있다. 이 'T'는 'THREAT', 즉 두려움을 말한다. 'CHANGE(변화)'에서 'T(두려움)'를 빼면 거기에 'CHANCE(기회)'가 생긴다. 그러니 변화를 두려워하면 안 된다. 변화하지 않는 사람은 변할 가망이 없는 사람이다.

기업가(창업가)는 자신과 싸울 수 있는 사람이다. 사장이 자신만을 위해 어제의 자신과 싸운다면 그 싸움에 적당히 임하고 말 것이다. 그러나 사장의 뒤에는 직원과 그들의 가족이 있다. 또한 고객도 있고, 옆에서 함께 달리는 거래처도 있다. 따라서 사장에게는 도중에 포기하거나 안이하게 임하는 자세는 용납되지 않는다.

'오늘의 나는 어제까지의 내가 만든 결과다. 미래의 나는 오늘부터 만들어가는 나의 결과다'라는 말이 있다. '인생은 항상 오늘이 첫날'이라는 뜻이다.

'구체적으로 자신을 어떻게 바꿀까?' 이 물음에 대한 답을 가지고 있는 사람은 지구상에 딱 한 사람뿐이다. 바로 '자기 자신'이다.

어제의 나를 뛰어넘기 위한
사장의 PDC 사이클

2018년 메이저리그 LA 에인절스로 진출한 일본 야구선수 오타니 쇼헤이는 고등학교 시절부터 메모하는 습관을 들였다고 한다. 오늘 할 일은 무엇인지, 그 일을 어디까지 했는지, 하지 못한 일은 무엇인지, 내일은 무슨 일을 할 것인지를 날마다 노트에 적었다고 한다.

오타니처럼 세계적인 스포츠 선수 중에는 노트를 작성하는 사람이 많다. 그들은 메모를 하면서 빼놓지 않는 것이 있는데, 'PDC' 즉 계획, 실행, 확인에 관한 내용이다. '무엇을 어떻게 할 것인가(Plan)', '무엇을 했는가(Do)', '결과는 어땠는가(Check)'를 적는 것이다.

성장이란
끊임없이 변화한 결과

PDC 사이클을 한 번 반복하면 사람은 어제의 자신보다 조금은 향상된다. 그 사이클을 계속 그리면 그만큼 높은 위치에 올라서게 된다. 높은 위치에 올라가면 그만큼 시야가 넓어지고 보이는 경치도 달라진다. 지금까지 보이지 않았던 것도 볼 수 있게 된다. 이렇게 경치가 달라지면 세계관도 달라진다. 세계관이 달라지면 자신이 서 있는 무대도 달라진다. 그 결과 지금까지 품어온 목표에서 한 단계 높은 차원에 있는 새로운 목표를 설정할 수 있게 된다.

그런데 목표가 높아지면 지금까지와는 다른 기술과 정보가 필요해진다. PDC 사이클을 계속 돌리면 더 이상 '이 정도면 됐어'라는 말은 나오지 않는다. 아직 더 해야 하는 일, 뛰어넘어야 하는 일이 잇따라 나타나기 때문에 하루하루가 새롭다. 바로 이런 과정이 성장이며, 이 새로움을 다른 말로는 '변화'라고 한다.

즉, 성장이란 끊임없이 변화한 결과를 말한다. 그리고 살아간다는 것은 계속 변화한다는 것이다.

사장자리에 오른다는 것은
하루하루 회사를 세운다는 것

젊은 기업가는 적극적으로 위험을 감수하고 사업에 도전하려고 한다. 그들은 잃을 것이 없고 잃더라도 다시 시작할 수 있다.

한편 성공한 경영자는 위험을 별로 감수하고 싶어 하지 않는다. 성공한 사장에게는 지위, 명예는 물론 유형무형의 자산이 있다. 사람은 잃을 것이 많을수록 실패를 두려워한다. 그것이 성공한 사장이 미지의 세계에 도전하는 것을 꺼리게 하며 몸과 마음을 구속한다.

기업을 경영하는 사장에게 실패는 회사의 도산을 의미한다.

회사가 망하면 경영자가 잃는 것은 경제적인 것만이 아니다. 사원과 거래처에 대한 체면도 잃는다. 무엇보다 신용과 신뢰라는 무형의 자산도 잃게 된다.

사람들은 실패한 사람에게 냉정하다. 한번 망한 회사의 사장에게는 회복할 기회가 좀처럼 찾아오지 않는다. 그래서 한번 잃은 신용과 명성을 되찾기란 매우 어렵다. '그 사람은 실패했지만, 실패에서 많은 것을 배웠을 것이다. 재기할 수 있도록 도와주겠다'라고 생각하는 사람은 많지 않기 때문이다.

그러나 위험이 없는 안전한 장소에 머물더라도 위험이 전혀 없는 것은 아니다. 세상은 끊임없이 변화한다. 아무리 안전한 장소라 해도 변화를 따라가지 못하면 저절로 쇠퇴할 수밖에 없고, 이는 매우 심각한 위험을 초래한다.

작가 엘버트 허버드는 "인생에서 가장 큰 실패는 늘 실패를 두려워하며 지내는 것이다"라고 말했다. 오소리처럼 땅속에 틀어박혀 몸을 웅크리고 있더라도 위험에서 벗어날 수 없는 것이 현실이다.

정년을 맞이한 어떤 사람이 퇴임식에서 직장 동료들에게 감사의 인사를 하면서 이렇게 말했다.

"여러분 덕분에 저는 지난 35년 동안 큰 탈 없이 일할 수 있었습니다."

그런데 그의 말을 잘 들어보면 그는 지난 35년 동안 제대로 된 일을 하지 않았다고 고백한 것이나 다름없다. 큰 탈 없이 일했다는 것은 큰 공적도 없었다는 뜻이며, 한번도 위험을 감수한 적이 없었다는 말이기 때문이다.

계속 살아간다는 것은
끊임없이 변화한다는 것

토요타 자동차는 60여 년 전이나 지금이나 자동차를 만드는 회사지만 만드는 차는 계속 달라지고 있다. 토요타가 계속 토요펫 크라운만 만들었다면 지금과 같은 세계적인 토요타는 될 수 없었을 것이다. 신차를 개발하는 과정에서 실패도 적지 않게 했지만 새로운 차를 개발해 시장에 계속 내놓은 결과 지금의 토요타가 있을 수 있었다. 토요타를 계속 유지하기 위해서는 미지의 세계에 대해 끊임없이 도전하고 계속 변화해야 했을 것이다.

변화에는 늘 위험이 따르기 마련이다. 그러나 실패의 위험을 피하고자 하면 성장할 수 없다. 실패의 위험이라고 해도 긍정적으로 받아들이는 것이 사장자리에 앉은 사람에게 필요한 인간력이다.

포드 자동차의 창업자 헨리 포드는 이렇게 말했다.

"실패는 가장 현명하게 다시 시작할 수 있는 기회다."

이런 긍정적인 생각도 인간력의 산물이다.

156쪽 도표 6에서처럼 위험성이 낮고 수익성도 낮은 A는 돈 벌이는 적지만 경쟁업체도 적어 오소리가 숨어 있을 만한 안정적인 구간이다. 하지만 도표 7에 나와 있듯이 A는 시간과 함께 수익성이 떨어진다. 쇠퇴하는 시장이기 때문이다.

한편 위험이 낮고 수익성이 높은 B는 매력적이고 안정적이지만 경쟁업체가 쉽게 참여할 수 있는 구간이기도 하다. 따라서 B도 시간이 지남에 따라 서서히 A와 같은 길을 걷게 된다. B에 머물며 버티는 것은 매우 불리하다.

대를 이어온 사업만으로 회사를 끝까지 지키는 것도 어렵다. 미래의 사업을 위한 기둥을 세우고 기업을 지속적으로 번영케 하려면 위험하더라도 수익성 높은 미개척 분야인 C로 쳐들어가야 한다.

안정을 추구하고 안주하면 곧 죽음을 맞게 된다. 기업 경영자는 하루하루 회사를 세우는 직업을 가진 사람이다. 이것이 철칙이다.

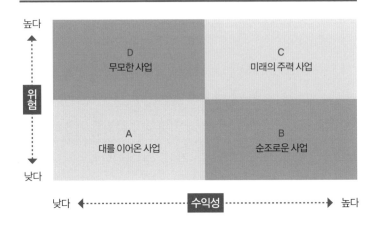

도표 6 위험과 수익성의 매트릭스

높다

위험

낮다

D
무모한 사업

C
미래의 주력 사업

A
대를 이어온 사업

B
순조로운 사업

낮다 ◀┈┈┈┈┈┈ 수익성 ┈┈┈┈┈┈▶ 높다

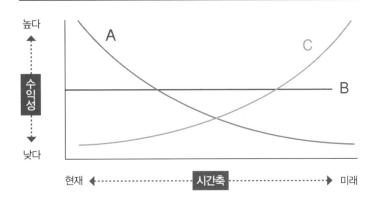

도표 7 수익성과 시간축 그래프

높다

수익성

낮다

A

C

B

현재 ◀┈┈┈┈┈┈ 시간축 ┈┈┈┈┈┈▶ 미래

A 대를 이어온 사업은 시간과 함께 쇠퇴
B 순조로운 사업도 시간의 흐름과 함께
  수익 감소

C 미래의 주력 사업을 늘려야 기업이 지
  속적으로 성장한다
D 무모한 사업은 시장에서 도태

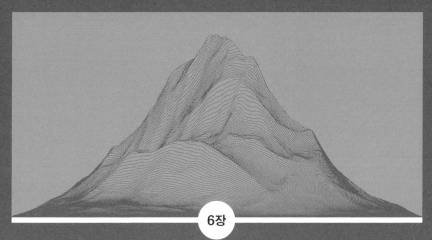

LEADERSHIP

6장

사장이 아니면
누가 책임질 것인가?

책임 · 존경

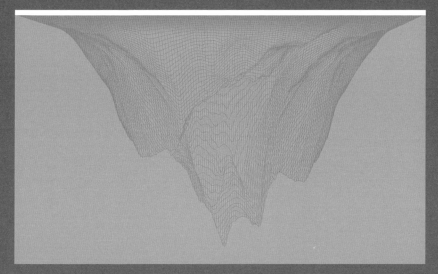

RESPONSIBILITY, RESPECT

사장은 먼저 자신부터 솔선하여 회사 안에
'스스로 책임지는 풍토'를 정착시켜야 한다.
사장이 솔선하여 이런 풍토를 만들고자 하면
시작은 살랑거리는 미풍이었을지라도 시간
이 지나면 회사 전체에 강한 바람을 일으키게
된다.

사장은 모든 일을
최종 책임지는 사람

사장은 사내에서 일어나는 모든 일에 최종적인 책임을 지는 사람이다. 사장은 회사의 우두머리다. 원래 회사라는 조직의 정점에 있는 것이 사장이므로 좋든 싫든 최종 책임은 피할 수 없다. 회사와 관련된 일이라면 좋은 일이든 나쁜 일이든 모두 마지막 결과에 대한 책임은 사장에게 달려 있다.

관공서, 기업을 포함해 최근 세상에서 일어나는 불상사는 대부분 아무도 책임지려 하지 않은 데 문제의 본질이 있는 것처럼 보인다. 어떤 문제가 생겼을 때 '내 기억과 기록에 한해서는 만난

적이 없습니다'라는 변명을 늘어놓으며 스스로 책임지려 하지 않는 정치인, 관료, 경영자… 이들의 행동을 보면 그 폐해는 경제적 손실보다 훨씬 뿌리가 깊다고 생각하지 않을 수 없다.

유명한 격언 중에 '최선을 기대하되 최악에 대비하라'라는 말이 있는데, 현대의 정치인, 관료, 경영자에게서는 '최선을 계속 기대하고 최악으로부터는 도피한다'는 자세가 뚜렷이 보인다.

최종 책임자인 사장은 마지막 뒤처리는 자신이 하겠다고 각오해야 한다. 문제의 직접적인 원인이 자신에게 없거나 또는 사장이 그 현장에 없었다 해도 침착하고 의연한 태도로 그에 대한 책임을 지고 자신의 거취를 걸고 대처하는 것이 한 기업을 대표하는 사장이 갖추어야 할 기본자세다.

실행 책임과 결과에 대한 책임은 직원에게 있다

사장이 결과에 대해 책임진다면 직원과 현장은 무엇을 책임질까? 그것은 '실행해야 할 책임'이다. 지시·명령받은 일을 실행하는 책임, 목표 달성을 위해 계획을 실행할 책임이 있다.

직원에게 실행해야 할 책임이 있는 이상 그에 상응하는 결과에 대한 책임도 있다. 실행해야 할 책임이 현장에 있는 이상 행동 계획을 결정하는 것도 현장이기 때문이다.

이처럼 사장은 전략, 방침을 실현하기 위한 전술과 실행 책임은 현장에 맡긴다. 하지만 최종 책임은 사장 자신이 진다. 권력과 권위를 가진 사장은 이렇게 현장을 움직인다.

사장은 먼저 자신부터 솔선하여 회사 안에 '스스로 책임지는 풍토'를 정착시켜야 한다. 사장이 솔선하여 이런 풍토를 만들고자 하면 시작은 살랑거리는 미풍이었을지라도 시간이 지나면 회사 전체에 강한 바람을 일으키게 된다.

회사 내에 부는 바람, 그 회사만의 특유한 기풍을 '사풍(社風)'이라고 한다. 바람직한 사풍이 사내에 정착되면 그곳에는 좋은 기업 문화가 형성된다. 좋은 기업 문화가 뿌리내린 기업과 그렇지 않은 기업을 비교해보면 불황을 극복하는 힘에 있어서 네 배나 차이가 난다는 거시적 통계가 있다.

'네가 잘못했어!'라며 다른 사람을 비난할 때 타인을 가리키는 것은 집게손가락 하나고, 나머지 손가락 중 세 손가락은 자기 자신을 가리킨다. 이때 손가락의 방향은 다른 사람의 책임보다 자신의 책임이 세 배는 더 무겁다는 것을 알려준다.

훌륭한 사장은 스스로 먼저 책임질 줄 아는 사람이라는 것을 항상 명심하길 바란다.

문제의 원인도, 해결도
결국 사장의 몫

비즈니스뿐만 아니라 모든 문제를 자신의 책임으로 인식할 때 비로소 해결책이 보인다. 다른 사람 탓으로 돌리는 동안에는 문제가 해결될 조짐조차 보이지 않고, 그것에 구속받아 행동에 제약이 생긴다. 무언가를 해결하거나 극복하고자 할 때 근본적으로 책임이 타인에게 있다는 생각을 고치지 않으면 승패를 가리기 전에 이미 패배를 인정하는 것과 같다. 모든 것을 자신의 문제, 자신의 책임이라고 생각하는 것이야말로 어려움을 극복하기 위한 출발점이다.

능력 없는 사장이 입에 달고 사는 말이 있다. '경기가 나쁘다', '자금이 없다', '인재가 없다', '○○ 책임이다'…. 이 말들 중에서도 '○○ 책임이다'라는 말을 입버릇처럼 달고 사는 사장이 이끄는 회사는 여지없이 실적을 잘 내지 못한다.

이렇게 타인에게 책임을 전가하는 사장들의 공통점은 회사가 마이너스가 난 원인조차도 전부 다른 사람 탓으로 돌린다는 것이다. 그런데 이처럼 사장이 타인에게 책임을 돌리는 데 급급한 나머지 적극적으로 문제를 해결할 자세를 갖추지 못하면 직원들 또한 적극적인 모습을 보이지 않게 된다.

불평을 입에 달고 살고 남 탓하는 습관이 밴 사장과 함께 일하는 직원도 사장과 크게 다르지 않다. 평소 불평불만이 많고, 문제가 생기면 '회사가 나쁘다', '사장이 나쁘다', '상사가 나쁘다', '부하 직원이 쓸모가 없다', '시스템이 안 좋다'라는 말을 수시로 하면서 모든 문제의 원인을 자신이 아닌 다른 데서 찾곤 한다.

전봇대가 높은 것도, 우체통이 빨간 것도 모두 내 탓!

어느 화학약품 제조회사 사장이 자신이 아직 과장이었던 시절에 있었던 일에 대해 들려주었다.

그는 어떤 문제를 해결하기 위한 기술을 개발해 특허를 따내 회사에 크게 이바지했다. 그에 의하면 문제해결에 이르는 경위는 먼저 그 문제를 자신의 문제로 삼는다. 그 다음 식사할 때나 목욕을 할 때나 늘 그 문제에 대해 계속 생각한다. 그렇게 24시간 그 생각을 하면 곧 꿈속에서도 그 생각을 하게 된다. 그 상태가 되면 주위에서 무심하게 던진 말 한마디도 큰 힌트가 된다. 이쯤 되면 해결책을 찾는 것은 이제 시간문제라고 한다.

미국의 35대 대통령 존 F. 케네디는 대통령 취임 연설에서 "국가가 나를 위해 무엇을 해줄지 생각하지 말고 내가 국가를 위해 무엇을 할지를 생각하라"라는 명언을 남겼다. 능력 있는 직원은 회사에 무언가를 바라기 전에 자신이 회사를 위해 무엇을 할 수 있을지 스스로 묻는 사람이다. 사장에게도 직원에게도 책임 전가는 성장의 기회로부터 멀어지는 행위이다. '전봇대가 높은 것도, 우체통이 빨간 것도 모두 내 탓'이라고 생각하자.

사장에게 신뢰만 있으면
그걸로 충분한가?

공자는 "백성의 믿음이 없으면 나라가 바로 서지 못한다"라고 했다. 이는 리더에게 신뢰가 없으면 나라가 바로 서지 못한다는 의미다.

그렇다면 리더에게는 신뢰만 있으면 그걸로 충분할까? 그렇지 않다. 신뢰에 존경이 더해져야 비로소 진정한 리더가 된다.

일반적으로 존경받는 인물이라고 하면 사리사욕이 없는 고승 같은 사람을 떠올린다. 하지만 존경받는 기업의 리더라면 사사로운 이익과 함께 타인의 이익까지 모두 추구해야 한다.

사리사욕이 전혀 없는 사람은 기업에 큰 공헌을 하지 못한다. 사장에게 자산이 하나도 없고 실적도 없다면 그 누가 안심하고 그 뒤를 따를 수 있을까? 지나치게 사리를 추구하는 것은 지양해야 하지만 그렇다고 사리사욕이 전혀 없다면 그 사람은 수행자로서는 좋을 수 있으나 기업의 리더로서는 부적합하다.

자신의 이익을 적당히 추구하면서 타인의 이익까지 생각하는 인물에게 사람은 깊은 존경심을 품는다. 타인의 이익을 생각하는 마음은 곧 그 사람의 인간성으로 평가되는 경우가 많다. 즉, 자신의 이익을 추구하는 사람은 이른바 능력이 있는 사람이며, 타인의 이익을 추구하는 사람은 인품이 좋은 사람이다.

신뢰를 뒷받침하는
3요소

기업은 사업을 해서 그 결과로 이익을 얻는다. 이렇게 얻는 기업의 실적은 존경받는 데도 필요하지만 신뢰를 얻는 데도 필수적으로 필요하다. 신뢰는 '업무력+인간력+결과(매출, 이익)'로 얻을 수 있는 것이기 때문이다.

업무력과 인간력은 결과를 이끌어내는 중요한 요소다. 업무

역량과 큰 포부가 있는 사람은 큰일을 할 것이라고 기대할 수 있다. 그들은 결과로 그것을 증명한다. 하지만 결과만으로, 또는 업무력이나 인간력만으로 신뢰를 얻을 수 있는 것은 아니다. 이들 중 하나만으로는 신용을 얻는 데서 그치고 만다.

신용의 경우 담보 평가액에는 상한선이 있다. 반면 신뢰는 무제한적이고 전인격적인 것이다. 전폭적인 신뢰를 바탕으로 그 사람을 대하는 것이다. 또 신뢰에 존경이 더해지면 '전폭적인 신뢰'에서 '절대적인 신뢰'로 발전한다.

신뢰와 존경을 받는
리더의 7계명

어떤 사람이 맹자에게 "고대 은나라의 주왕은 폭군이었지만 나라는 멸망하지 않았다. 왕의 덕과 나라의 흥망은 상관없는 것 아닌가?"라고 물었다. 그때 맹자는 "은나라도 주왕이 폭정을 펴기 전에는 훌륭한 왕이 선정을 폈다. 선왕의 덕은 대가 바뀐다고 해서 바로 사라지지 않는다. 은나라가 주왕 시대에도 멸망하지 않은 이유는 선왕이 남긴 덕 때문이다"라고 대답했다. 이처럼 덕의 효력은 시간이 지난다고 바로 사라지지 않는다.

신뢰와 존경도 마찬가지다. 신뢰와 존경을 받는 사람이 작은 실수를 저지른 경우, 그 일로 주위 사람들이 바로 실망하는 일은 없다. 그래서 만회할 기회를 얻게 된다.

그렇다면 신뢰와 존경을 받는 사람이 되기 위해서는 평소에 어떤 행동을 주의해야 할까? 기본은 다음의 일곱 가지를 지키는 것이다.

공수표를
날리지 않는다

1. 거짓말하지 않는다

'정직은 최선의 정책'이라고 한다. 문제가 생겼을 때 거짓말로 잘못을 감추는 것은 스스로 제 무덤을 파는 행위이다. 그런 행위를 하면 결정적으로 믿음을 잃게 된다. 《후한서》에서는 "매사는 모름지기 하늘이 알고 땅이 알고 네가 알고 내가 안다"라고 했다. 세상에 비밀은 없다는 것이다.

또 모르는 것을 마치 아는 것처럼 말하며 허영을 부리는 것도 거짓의 일종이며, 이 또한 신뢰를 크게 훼손한다. 모르는 것을 모른다고 하는 것은 수치스러운 일이 아니다. 반면 아는 것을 모른다고 하는 것은 거짓이다.

2. 약속을 지킨다

이 또한 당연한 행동이다. 중국 전설 중에는 친구와 만나기로 한 약속을 지키기 위해 죽어서 귀신이 되어 찾아온 선비의 이야기가 있다. 옛 사람들도 약속을 어기지 않는 것을 선비의 기본 덕목으로 여긴 것이다.

3. 말과 행동이 일치한다

말과 행동은 일치해야 하고, 내뱉은 말은 반드시 실행해야 하며, 아는 것과 행동 또한 서로 일치해야 한다.

내뱉은 말을 실행하지 않는 사람을 우리는 성실하지 못한 사람이라고 한다. 당연히 말과 행동이 일치하는 사람은 성실한 사람이다. 성실한 사람은 말을 행동으로 증명할 수 있는 사람이다. 담식을 갖춘 사람인 것이다.

호의에
보답한다

4. 상대방에게 관심을 갖고 평상시 대화에 주의한다

사람은 자신을 존중하는 사람을 존중한다. 이를 심리학에서는 '호의에 대한 보답'이라고 부른다. 이 말은 즉 상대방에게서 존경과 신뢰를 얻으려면 먼저 나부터 상대방을 존중해주어야 한다는 의미다.

우리는 '기브 앤드 테이크(give and take)'라는 말을 흔히 하는데 '기브 앤드 테이크'가 아니라 '기브 앤드 기븐(give and given)'이 바람직한 자세라 하겠다.

5. 자기 이익뿐 아니라 타인의 이익까지 생각한다

이른바 '자신을 잊고 다른 사람을 생각하라'는 뜻이다. 자신의 이익도 추구해야 하지만, 존경과 신뢰를 얻으려면 실력, 실적에 더해 다른 사람을 생각해야 하는 것은 당연하다.

실력과 실적은 어느 정도 거리를 두더라도 알아챌 수 있지만 인간성은 멀리 있으면 알 수 없고, 아는 데까지 시간이 걸린다. 하지만 존경과 신뢰를 얻으려면 자신의 이익은 물론 때와 상황에 따라 이타적인 생각과 행동을 주저 없이 할 수 있는 인간성이 필요하다.

6. 어려운 사람을 돕는다

리더는 자기 자신 및 자신이 이끄는 팀이 최고이자 최선의 결과를 내게 하는 사람이다. 팀은 여러 사람들이 모인 만큼 그 안에서도 저마다 능력 차이가 있을 수 있다. 이런 상황에서 팀으로서 결과를 내기 위해서는 어떤 식으로 팀 멤버 개개인의 장점을 살리고 단점을 줄이는지가 관건이다.

이때 리더가 해야 할 일은 단점을 보완할 수 있도록 지원·격려하고 때로는 부담을 줄여줌으로써 팀 전체가 최고, 최선, 최적을 도모할 수 있도록 환경을 조성하는 일이다. 그렇게 하면 진정으로 업무력과 인간력을 겸비한 리더로 불릴 만한 사람이 된다.

7. 마지막까지 도망치지 않고 결과를 낸다

리더가 포기하려고 하면 추종자는 포기할 뿐 아니라 더 이상 그 리더를 따르지 않게 된다. 승리를 얻고자 한다면 배수의 진을 치고서라도 전체의 사기를 북돋우고 앞으로 나아갈 때 진정한 리더라 할 수 있다. 한 번이라도 동료를 내버려두고 도망치면 순식간에 패배자가 되고 만다.

'선장은 배와 함께 최후를 맞는다'는 말이 있다. 바다에서 조난당했을 때 선장은 마지막 순간의 마지막 순간까지 배에서 내려서는 안 되듯 리더도 모두가 포기하고 떠나더라도 마지막까지 그 자리를 지켜야 한다.

사람은 계산과 감정으로 움직인다

사람은 감정과 계산으로 움직인다. 특히 이해타산에 의해 움직인다. 안타깝지만 이 또한 하나의 현실이다.

이해타산에 의해 움직이는 사람은 타산이 맞지 않으면 썰물처럼 멀어져간다. 주변에 이런 사람이 많으면 나중에는 자칫 아무도 남아 있지 않게 될 수도 있다.

추종자 중에도 진짜 추종자와 가짜 추종자가 있고, 대부분은 계산 결과에 매력을 느끼기 때문에 따라온다. 그런데 진짜 리더 뒤에는 리더의 인격과 인품에 끌려 따라오는 진짜 추종자들이 있다. 그릇이 큰 리더는 이런 현실까지 분명하게 인식하고 부하 직원을 이끌고 간다.

'임금에게 덕이 없고 임금으로서의 도리를 다하지 않아도 신하는 신하로서의 길을 지키고 충절을 다해야 한다'고 하는데, 이 말을 달리 해석하면 '신하가 신하로서의 도리를 다하지 않아도 임금은 임금으로서의 도리를 다해야 한다'는 뜻이 된다. 이해타산에 의해 따라오는 추종자에게는 인간적인 매력에 더해 그들의 공적에 맞게 상을 주는 등 기대에 부응하고 보답하는 것도 리더의 덕목이다.

나는 기업의 성장은 3퍼센트의 사람들에 의해 결정된다고 믿는다. 현재 활동하는 전체 기업 중 지속적으로 성장하는 '우수 기업'은 3퍼센트에 불과하다. 나머지 97퍼센트의 기업은 기업이 지향하는 이상이나 이념보다 눈앞의 이익을 추구하고 일탈을 일삼으며, 최악의 경우에는 단명한다. 경영자라면 늘 97퍼센트에 빠지지 않고 3퍼센트의 우수 기업에 들어가는 것을 목표로 삼아야 한다.

인재 중에서도 원래 재능이 풍부하고 자신의 힘으로 성장하는 '슈퍼 인재'는 전체의 3퍼센트 정도다. 나머지 97퍼센트를 이끌고 가는 것도 리더의 일이지만, 진짜 슈퍼 인재가 누구인지 간파하고 그들이 진짜 추종자가 되도록 하는 것도 리더가 해야 할 중요한 일이다. 슈퍼 인재를 진짜 추종자로 만들기 위해서는 그들의 마음을 끄는 인간력이 무엇보다 필요하다. 이런 인간력이 있어야 리더도 3퍼센트의 슈퍼 인재에 포함될 수 있다.

신뢰와 존경을 얻을 수 있는
힘은 인간력뿐

아무리 다른 사람에게 '나를 믿어라, 존경해라'라고 명령해도 신뢰와 존경에 대한 결정권은 상대방에게 있다. 권력이 있으면 우격다짐으로 사람을 따르게 할 수는 있지만 신뢰와 존경은 억지로 얻을 수 없다. 이해타산에 의해 움직이는 사람도 신뢰와 존경까지는 주지 않는다. 이익을 앞세우는 사람은 이익이 사라지면 그 즉시 떠나버린다. 금전적 타산으로 따라오는 사람은 조건이 더 좋은 곳이 나타나면 계산에 이끌려 떠나고 만다.

이해타산만으로 따라오는 추종자는 대부분 겉으로는 복종하는 척하지만 속으로는 배신하는 사람이라서 그들에게는 중요한 일을 맡기면 안 된다. 대신 3퍼센트에 해당하는 진짜 인재를 알아보고 그들과 함께 강한 조직을 만들어야 한다.

문제는 리더에게 3퍼센트 인재의 마음을 끌 수 있는 역량이 있느냐다. '선비는 자기를 알아주는 사람을 위해 죽는다'는 말이 있다. 사람을 알려면 사람에 대해 배워야 한다. 그리고 이렇게 인간을 배움으로써 인간력을 터득할 수 있다. 사장이라면 무엇보다 인간학을 통해 인간력을 터득하길 바란다. 신뢰, 존경을 얻을 수 있는 힘은 권력도 재력도 아닌, 인간력뿐이기 때문이다.

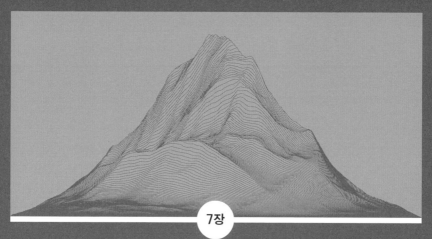

LEADERSHIP

7장

일터는 인간에 대해 배우는
가장 훌륭한 교실

자기개발 · 자기희생

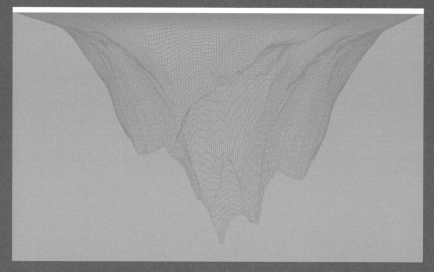

SELF-DEVELOPMENT, SELF-SACRIFICE

일터만큼 인간을 배울 기회가 많은 장소도 없다. 일터에서 인간에 대해 배우면 새로운 의문과 문제의식이 계속 솟아난다. 그 의문을 계속 탐구하면 호기심도 끝없이 일어난다. 이런 과정이야말로 진정한 자기개발이며, 인간을 배우는 가장 좋은 방법이다.

경영자가 만족하는 순간
기업의 노화가 시작된다

'이제 이걸로 충분하다'고 생각하는 사장은 내일도 오늘과 똑같은 날이 이어질 거라고 믿는 사람이다. '이제 충분하다'고 생각하는 것은 다음의 세 가지 때문이다. 그 세 가지는 체념과 방심 그리고 과신이다. 과신은 자만심, 거만의 다른 말이기도 하다.

체념은 자신의 한계를 자기 멋대로 결정하는 것이다. 기업의 경영자가 체념한다는 것은 마음속으로 은퇴를 선언하는 것이나 다름없다. 그러나 사장은 체념하면 안 되는 사람이다.

방심은 앞에서 말한 것처럼 내일도 오늘과 똑같을 거라고 생

도표 8 '이제 이걸로 충분하다'고 느낄 때의 처방전

	증상	처방전
체념	자신의 한계를 멋대로 결정한다.	초심으로 돌아간다. 초심을 생각해서 정말로 체념할 것인지 자문하고, 그래도 체념해야겠다면 은퇴해야 한다.
방심	내일도 오늘의 연장이라고 생각한다. ↓ 방심이 심해지면 ↓ 자신을 과대평가하고 현재를 완성된 상태라고 굳게 믿는다.	주위의 변화에 주목한다. 밖으로 나가 정보를 적극적으로 수집
과신·자만심·거만		예스맨을 배제한다. 쓴소리, 조언을 적극적으로 듣는다. 완성은 함정이라고 생각한다.

각하는 것이다. 그래서 어제와 똑같은 일을 해야 내일도 살아남을 수 있다고 생각하는 것이다. 그러나 세상은 끊임없이 변하고 있다.

이런 사장이라면
일찌감치 은퇴를 결정하자

방심은 일시적인 것이지만 방심이 과하면 과신·자만심·거만함이 된다. 사장이 자만심을 갖거나 과신하고 거만하면 그 끝에는 회사의 도산이 기다리게 된다. 그러나 사람은 주위에서 자꾸 칭찬해주면 자기도 모르게 그 말에 솔깃하게 된다. 사장은 업무력이 뛰어나야 쓸모가 있는데, 업무력에 인간력이 뒷받침되지 않으면 반드시 이 과신, 자만심, 거만함이라는 위험 지대에 빠진다.

체념하거나 과신, 자만, 거만한 사람은 자신을 과대평가한다. 그것은 초심을 잃었기 때문이다. 따라서 체념해야겠다는 생각이 들 때는 자신이 정말로 되고 싶었던 미래상을 떠올리길 권한다. 그렇게 했는데도 체념해야겠다면 그때는 일찌감치 은퇴를 결정해야 한다.

과신, 자만심, 거만함을 경계할 때도 자신이 지향하는 모습과 현재 자신의 모습을 비교하고 그 차이를 좁히기 위해 무엇을 할 것인지 다시 한 번 확인해야 한다. 이때 명심해야 할 것이 있다. 그것은 '나는 할 수 있다'고 자신하지만 현실에서는 그만큼 할 수 없다는 사실이다.

일터는 인간에 대해 배우는
가장 훌륭한 교실

회사를 퇴직한 사람들이 한결같이 하는 말이 있다. 퇴직 후에는 세 가지가 필요한데, 오늘 할 일과 오늘 갈 곳, 그리고 근육이라고 한다. 정년퇴직을 하면 바로 다음 날부터 모든 날이 일요일이 된다. 회사에 갈 필요가 없어지면 더는 갈 곳도 없고 한가해진다. 그런데 사람들은 그런 한가한 상태를 주체하지 못한다. 바쁜 생활과 일에서 벗어나서 좋기도 하지만 할 일이 없는 것도 고역스럽기는 마찬가지다.

그런가 하면 나이가 들면 몸에서 근육이 줄어든다. 통통하게 살이 찌거나 비쩍 말라서 뼈만 남게 된다. 그래서 어떤 사람들은 운동을 과도하게 해서 근육을 지키려고 한다.

그런데 할 일이 없더라도 교양이 있는 사람은 은퇴 후의 인생도 보람되게 보낼 수 있다고 한다. '교양 있는 사람'이란 많이 배운 사람이 아니라 계속 배우는 사람을 말한다. 계속 배우는 사람은 모든 일을 다방면으로 깊이 꿰뚫어볼 수 있다. 매사를 다방면으로 깊이 꿰뚫어보면 문제의식이 높아진다. 문제의식이 높아지면 일상적인 일에서도 새로운 것을 발견할 수 있다.

뉴턴은 사과가 나무에서 떨어지는 광경을 보고 만유인력의 법칙을 발견했다. 큰 문제의식이 있었기 때문이다. 문제의식이 있으면 필연적으로 호기심이 생기고, 호기심은 탐구심이 되어 새로운 발견을 갈망하게 된다. 만유인력의 발견이 그 다음에는 '지구의 중력을 극복하려면 어느 정도의 속도가 필요한가?'라는 과제로 발전한다.

현장만큼 인간에 대해 배울 기회가 많은 곳도 없다

한편, 교양이 없는 사람은 매사를 한 가지 관점에서만 보기 때문에 의문과 문제의식이 있더라도 깊이 파고들지 않고, 그 문제의식이 오래 지속되지도 않는다. 따라서 무언가를 보더라도 피상적·표층적으로 보고, 거기서 별다르게 발견하는 것도 없고 호기심도 없다.

교양은 언뜻 봐서는 눈에 보이지 않는 심층을 보는 방법이기도 하다. 보이지 않는 부분이 가장 많은 존재는 인간이다. 그래서 인간을 배우면 교양은 더욱 깊어진다.

인간에 대해 배우기에 가장 좋은 곳은 일터다. 일하는 현장만큼 인간을 배울 기회가 많은 장소도 없다. 회사는 '인간을 배우는 교실'이라고까지 얘기할 수 있다. 일터에서 인간에 대해 배우면 새로운 의문과 문제의식이 계속 솟아난다. 계속해서 일어나는 인간에 대한 의문을 탐구하면 호기심도 끝없이 일어난다. 이런 과정이야말로 진정한 자기개발이며, 인간을 배우는 가장 좋은 방법이다.

계속해서 자신을 성장시키는 7가지 방법

일터는 인간에 대해 배우기에 가장 적절한 장소지만, 일터로 한정하면 아무래도 한쪽으로 치우칠 수밖에 없다. 시야를 넓히려면 폭넓은 분야에서 자기개발을 계속적으로 실행해야 한다.

계속해서 자기개발을 하려면 자기개발의 일곱 가지 중요한 점을 분별해두면 좋다.

1 인생의 목적과 목표를 갖는다.

2 하루 한 시간 책을 읽는다.

3 세 명의 멘토(스승)를 갖는다.

4 훌륭한 사람을 만난다.

5 1년에 네다섯 번 이상 스터디 모임이나 강연회에 참석해 정보를 입수한다.

6 자격증 취득에 도전한다.

7 새로운 일에 계속 도전한다.

　인생의 목적, 목표를 갖는다는 것은 자기개발의 대전제다. 자기개발은 자신이 꿈꾸는 미래상과 실제 모습 간의 차이를 메우는 방법이다. 바꿔 말하면 자기개발을 하면서 지향하는 목표는 자신이 미래에 꿈꾸는 자기 모습이다. 공자는 "아침에 도를 깨달으면 저녁에 죽어도 여한이 없다"라고 했다. 이 말은 인생의 큰 목적, 목표를 가슴에 품어야 배우는 데 힘이 실린다는 의미다. 인생의 목적, 목표 없이 진정한 자기개발은 있을 수 없다는 말과 일맥상통한다.

　눈앞의 문제만을 해결하기 위해 하는 자기개발은 오래가지 못하고 좋은 성과도 나지 않는다. 표면에 드러난 증상만 가지고 그에 대응해 치료하는 대증요법적인 자기개발을 통해서는 깊이를 바랄 수도 없다. 깊이가 없는 자기개발은 궁극적으로 힘을 발휘하지 못한다는 것을 명심해야 한다.

그렇다면 깊이 있는 자기개발을 하려면 어떻게 해야 할까?

흔한 방법이지만 무슨 일이든 지속적으로 해야 한다. 살아가면서 만나게 되는 모든 기회를 포착하고 계속 배우는 것이야말로 자기개발의 중요한 원칙이자 삶의 기본 원칙이다.

안테나는
높고 넓게 세우자

목적을 향해 나아가기 위해 목표를 하나씩 성취하려면 어제까지의 자신을 뛰어넘는 기술과 마인드가 필요하다. 그러기 위해서는 하루 한 시간 책을 읽는 습관을 들이고, 세 명의 멘토를 가지며, 스터디 모임이나 강연회에 참석해 새로운 정보를 받아들여야 한다.

독서를 많이 하기로 소문난 한 대기업의 전 회장은 마음에 드는 책이 있으면 양치질을 하면서도 읽었다고 한다. 그와 같은 독서라도 날마다 책 한 권을 다 읽기는 어렵다. 하지만 하루 한 시간이라도 책을 읽으면 1년이면 365시간을 확보할 수 있다. 10년이면 3,650시간이다. 이렇게 누적된 시간 동안 지속적으로 책을 읽으면 그 양은 매우 방대할 수밖에 없을 것이다.

서양에는 '멘토 세 명을 가지면 그 사람의 인생은 장밋빛이다' 라는 격언이 있다. 멘토는 인생의 스승이라고도 말할 수 있는데, 멘토를 정할 때는 세 가지 조건이 충족되어야 한다. 신뢰하고 존경할 수 있는 인물이어야 하는 것은 당연하고, 인생은 물론 경영에 관한 경험과 지혜가 풍부하며, 시간을 내서 상담에 응해줄 수 있는 사람이어야 한다.

이 세 가지 조건을 갖춘 사람을 찾기가 그리 쉽지만은 않을 것이다. 그러나 인생이라는 바다에 배를 띄울 때 나침반 역할을 해줄 멘토가 있다면 분명 마음 든든할 것이다.

한 신문에는 사회적으로 성공한 사람들이 쓰는 '나의 이력서' 라는 칼럼이 있는데, 조사해보니 이 칼럼을 쓰거나 칼럼에 등장한 성공한 사람 중 91퍼센트 이상이 젊었을 때 멘토가 있었다고 한다. 이처럼 멘토는 무엇보다 값진 인생의 재산이다.

요즘은 인터넷을 통해 공부도 할 수 있고 강연을 들을 수도 있다. 하지만 현장에서 직접 듣는 경우에는 더 많은 것을 얻을 수 있다. 먼저 강사의 생생한 목소리를 들을 수 있다. 또 궁금한 것에 대해서는 직접 질문할 수도 있다. 물론 지루할 수도 있고, 그렇더라도 중간에 나가기가 어렵다는 단점도 있다. 그런데 '마지막까지 남아 있었던 덕에 다른 데서는 듣기 어려운 귀중한 얘기를 들을 수 있었다'는 후기를 접해본 적이 있을 것이다. 이처럼

끝까지 들은 덕에 예기치 못한 정보를 얻는 것도 강연회에 직접
참석할 때 얻을 수 있는 혜택이다.

다른 분야를 통해
시야를 넓히는 방법

은퇴를 앞두고 있는 어느 미디어의 보도국장은 40대 때부터 전
통 가곡을 계속해서 배워왔다고 한다. 그가 이렇게 자신의 일과
전혀 관계 없는 전통 가곡을 배우고 있는 것은 기자의 눈만으로
세상을 보면 관점이 한쪽으로 치우칠 수 있다고 생각했기 때문
이다. 그 덕분인지 그는 눈앞의 정보에 매몰되기 쉬운 보도 현
장에서 관점을 바꿔 문제의 본질에 다가가려고 할 때 많은 도움
을 받고 있다고 한다.

이런 효과 때문인지 경영자 중에는 명상을 하는 사람도 많다.
거기서 무엇을 얻는지는 사람마다 다를 테지만, 그 길을 추구하
는 과정은 예술이나 명상, 경영이 크게 다르지 않다.

언제든 조언해주는
멘토를 어떻게 만날까?

진심으로 신뢰하고 존경할 수 있는 사람을 만난다는 것은 요행이라 할 만큼 쉽지 않은 일이다. 설령 그런 사람을 만나더라도 상담 받고 싶을 때 그가 시간을 내줄 수 있을지는 미지수다.

그런데 멘토가 반드시 살아 있는 사람이어야 하는 것은 아니다. 책도 훌륭한 멘토가 될 수 있다. 늘 곁에 두고 보는 책을 북 멘토로 삼는 것이다. 멘토로 삼을 책은 찾으면 얼마든지 찾을 수 있다. 방법은 하나다. 책을 계속해서 읽는 것이다. 어떤 북 멘토를 만날지는 어떤 책을 읽는지에 따라, 독서량에 따라 달라진다.

북 멘토는 읽는 이의
성장과 함께 늘어난다

북 멘토의 장점은 또 있다. 한번 찾으면 영원히 곁에 둘 수 있으며, 언제든지 다시 읽을 수 있다는 점이다. 데일 카네기나 피터 드러커 같은 훌륭한 이들도 사람인 이상 시간이 흐르면서 세상을 떠났지만, 그들의 책은 지금도 남아 북 멘토로 시간을 초월해 많은 사람들을 만나고 있다. 살아 있는 멘토를 만나는 것은 어렵지만 북 멘토는 얼마든지 가질 수 있는 것이다.

북 멘토를 통해 배울 수 있는 인생의 지혜는 책을 한 번 읽는다고 얻을 수 있는 것이 아니다. 자신의 경험과 배경 지식에 따라 책에서 얻을 수 있는 지혜가 달라지는 것이다.

같은 책일지라도 30대에 읽었을 때는 몰랐던 것을 40대가 되어 다시 읽으면서 발견하는 경우도 많다. 종전과 다른 환경에 처했을 때 예전에 읽었던 책을 다시 읽으면서 그 전에는 마음에 두지 않았던 일이 중요하다는 것을 깨달을 때도 있다. 이런 경험은 독서를 계속하다보면 몇 번이고 겪을 수 있다. 이렇게 북 멘토는 자신의 성장과 함께 늘어나며 계속 변한다.

기업을 위한 좋은 헌신 vs.
나쁜 헌신의 차이

'멸사봉공(滅私奉公)'이라는 말은 글자 그대로 해석하면 개인의 욕심을 버리고 공공의 이익을 위해 헌신한다는 뜻이다. 그런데 멸사봉공에도 좋은 멸사봉공과 나쁜 멸사봉공이 있다.

좋은 멸사봉공은 자신의 기량만을 내세우지 않고 팀의 승리를 위해 공헌해야 하는 단체 스포츠 경기의 선수들을 예로 들 수 있다. 팀이 경기에서 이기면 자신도 거기서 승리를 쟁취하게 된다. 좋은 멸사봉공은 팀은 물론 자신까지 살린다.

반면 나쁜 멸사봉공은 부서의 성적을 높이기 위해 무리하게 잔업을 하는 경우를 예로 들 수 있다. 나쁜 멸사봉공으로는 자신을 살릴 방법이 없다. 자신을 죽이는 것밖에 모르는 상사는 부하 직원에게도 똑같이 요구한다. 그래서 무리한 잔업을 강요한다.

나쁜 멸사봉공으로는 자신뿐만 아니라 결과적으로 팀까지 죽이고 만다. 그러나 일을 할 때는 자신은 물론 옆 사람까지 편하게 해주어야 한다. 그리고 일하는 방법을 혁신할 때는 옆 사람을 편하게 하기 위한 혁신이어야 진정으로 생산성이 향상된다.

좋은 멸사봉공은
보람을 갖게 한다

좋은 멸사봉공은 리더부터 실천해야 한다. 가령 창업자가 '기업 활동을 통해 판매자, 구매자, 사회에 다 좋아야 한다'는 좋은 멸사봉공의 자세로 사업에 임하면 임원은 물론 말단 직원에게도 좋은 멸사봉공의 정신이 스며들게 된다.

자기 회사의 이익만 추구하는 인색한 근성으로는 결코 좋은 일을 할 수 없다. 그리고 이런 좋은 멸사봉공의 자세는 자기와 팀, 회사는 물론 사회에도 이익이 되며, 이를 통해 긍지를 만들어 낸다. 일하는 보람, 사는 보람을 갖게 되는 것이다.

자기희생의 진짜 수혜자는
바로 자신

자기희생을 하면 시간이 걸리더라도 돌고 돌아 자신에게 반드시 선물처럼 돌아온다. 맹자는 "덕을 베풀면 군사를 강화하지 않아도 영토가 늘어난다"고 했다.

    과거에 어떤 나라의 왕이 주변에 있는 나라들을 침략하기 위해 군사를 강화하고, 그 자금을 확보하기 위해 백성들에게 무거운 세금을 부과했다. 이를 견디지 못한 백성들은 이웃 나라로 도망쳤다. 반면 이웃 나라의 왕은 덕이 높았다. 주변 나라에서 도망쳐온 사람들을 받아들였을 뿐 아니라 고국으로 되돌아가고 싶

어 하는 이들에게는 식량을 줘서 돌려보냈다. 이런 일이 몇 년이
나 계속 이어졌다.

주면
되돌아온다

이웃 나라로 도망갔다가 다시 고국으로 돌아온 사람들은 주변
사람들에게 이웃 나라 왕을 입이 닳도록 칭찬했다. 그러면서 서
서히 덕망 높은 이웃 나라 왕이 자신들의 왕이 되었으면 좋겠다
고 말하는 사람이 많아졌다.

민중의 기대가 높아지자 드디어 이웃 나라의 왕이 움직였다.
사실 이웃 나라의 군대는 강하지 않았다. 그런데 그들은 진군하
는 곳마다 사람들로부터 환영받았고, 식량과 물 등을 내준 것은
물론 병사로 지원하는 사람도 많았다. 적국 병사들의 마음도 움
직여 이웃 나라 군대로 투항하는 병사가 속출했다. 결국 이웃 나
라 왕은 별다른 싸움도 치르지 않고 적국을 탈환할 수 있었다. 적
국의 왕은 거두어들이기만 한 데 반해 이웃 나라 왕은 덕으로써
베풀고 희생한 것이다.

베풂과 희생은 우리도 할 수 있다. 중요한 것은 자신의 돈을 들

여야 한다는 것이다. 자기희생이 따르지 않는 베풂은 금세 진정성을 의심받게 된다. 회사 돈으로 비싼 프랑스 요리를 풀코스로 대접받는 것보다 상사의 돈으로 사준 꼬치구이에 부하 직원의 마음이 움직이는 경우가 더 많다.

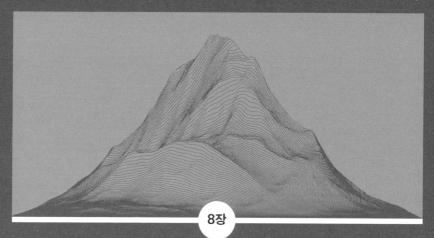

8장

건강한 회사를 만드는
사장의 조건

인간력 · 건강

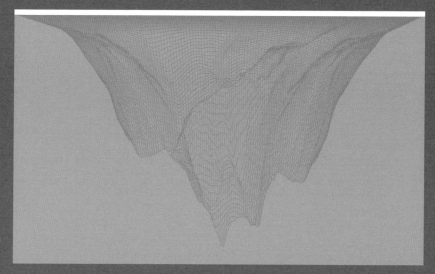

인간에 대해서 배우는 상사는 사람의 한계나 약점에 대해 이해하기 때문에 부하 직원에게 어려운 일을 하게 하는 경우는 있어도 무리한 일을 억지로 시키지는 않는다. 반면 부하 직원에게 관심이 없는 상사는 부하 직원에게 쓸데없는 스트레스를 준다.

포지션 파워 말고
휴먼 파워!

사람을 움직이려면 두 가지 파워(힘)가 필요하다. 지위, 직함에서 나오는 포지션 파워와 인간력에서 나오는 휴먼 파워가 그것이다.

상급자는 부하 직원에게 명령을 내릴 권한이 있다. 조직의 논리에 의해 많은 부하 직원이 상사를 따르지만 진심으로 상사를 이해하고 따르는지, 아니면 상사의 명령권이라는 힘 때문에 마지못해 따르는지는 알 수 없다. 싫더라도 어쩔 수 없기 때문에 명령을 따르는 경우도 있을 수 있다.

한편 휴먼 파워를 가진 상사는 부하 직원이 진심으로 이해하고 따른다. 그때 부하 직원은 진심으로 가슴이 설레게 된다.

포지션 파워를 가졌는지, 휴먼 파워를 가졌는지에 따라 두 상사는 엄청난 차이가 난다. 사람을 움직이는 진짜 힘은 포지션 파워만으로는 부족하며 휴먼 파워, 즉 인간력에서 나온다는 점이 중요하다.

사람의 속마음은
행동을 통해 나타난다

공자는 "교묘한 말과 아첨하는 얼굴을 하는 사람치고 어진 사람 드물다"라고 했다. 그리고 링컨은 "모든 사람을 일시적으로 속일 수는 있다. 일부 사람을 영원히 속일 수도 있다. 하지만 모든 사람을 영원히 속일 수는 없다"라고 말했다. 말과 태도는 표면적으로 꾸밀 수 있지만 꾸민 상태로 계속해서 살아갈 수는 없다. 행동은 언젠가 반드시 속마음을 드러내게 돼 있다. 그리고 그 속마음은 다른 사람에게 보이게 마련이다. 결과적으로 사람들은 그렇게 드러난 속마음을 보고 그 사람에 대해 평가한다.

사람은 선한 행동도 하지만 악한 행동도 한다. 부하 직원에게

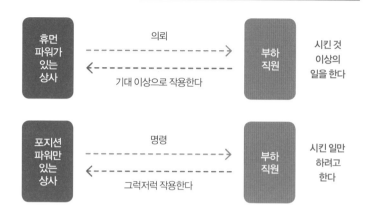

도표 9 인간력이 인간관계에 미치는 영향

휴먼 파워가 있는 상사 → 의뢰 → 부하 직원 → 시킨 것 이상의 일을 한다
기대 이상으로 작용한다

포지션 파워만 있는 상사 → 명령 → 부하 직원 → 시킨 일만 하려고 한다
그럭저럭 작용한다

관심이 없는 상사는 부하 직원이 선행을 한 건지, 악행을 저지른 건지 깨닫지 못한다. 그런데 인간력을 갖춘 상사는 사람은 원래 잘못도 악행도 저지를 수 있는 존재라는 것을 알고 있어서 상황을 예의주시하며 문제가 될 만한 상황을 미연에 방지한다. 따라서 문제를 미연에 방지하지 못하는 것은 이른바 상사의 인간력 부족에 그 근본적인 원인이 있다.

회사 내의 제도나 규칙만 정비해도 가장 중요한 것을 빠뜨리지 않을 수 있다. 그 근원은 상사의 인간력, 특히 사장의 인간력에 있다. 인간에 대해서 배우는 상사는 사람의 한계나 약점에 대해 이해하기 때문에 부하 직원에게 어려운 일을 하게 하는 경우는 있어도 무리한 일을 억지로 시키지는 않는다. 반면 부하 직원에게 관심이 없는 상사는 부하 직원에게 쓸데없는 스트레스를 준다.

'윗사람은 3년이 지나야 아랫사람을 알고, 아랫사람은 사흘이면 윗사람을 안다'는 말이 있을 정도로 부하 직원은 상사의 속내와 본성을 놀랄 만큼 빠르고 정확하게 간파하곤 한다. 인간력이 높은 상사는 이런 사실도 잘 알고 있어서 번지르르한 격려나 칭찬만으로는 부하 직원의 마음을 움직일 수 없다는 것을 뼛속 깊이 알고 있다. 따라서 평소에 자신의 말과 행동을 엄격하게 다스린다.

사람의 마음을 잘 이해하고 있는 상사가 지시나 명령을 하면 부하 직원은 상사가 자신을 포지션 파워가 아니라 휴먼 파워로 대하고 있다는 것을 느낀다. 결과적으로 부하 직원은 포지션 파워를 무기로 삼은 지시와 명령에는 싫더라도 어쩔 수 없이 따르는 데 반해 휴먼 파워가 뒷받침된 지시와 명령에는 '어떻게 해서든 완수하겠다'는 적극적인 자세와 사명감, 책임감을 갖고 대한다.

하버드대학교 연구팀이 밝힌 행복의 조건은?

미국 하버드대학교 연구팀은 1930년대 말 하버드대학교에 입학한 학생 268명과 일반인 남성 456명, 그리고 천재 여성 90명을 72년간 추적하며 '행복에 가장 큰 영향을 주는 것은 무엇인가?'라는 질문에 대한 답을 찾아왔다. 그 결과 80퍼센트의 사람들이 '좋은 인간관계'라고 대답했다고 한다.

한 신경정신과 의사의 말에 따르면 정신적 고민을 안고 상담받으러 오는 환자의 80퍼센트는 인간관계에 어려움을 겪고 있다고 한다. 말하자면 가정이나 직장, 커뮤니티 등에서 인간관계가 좋으면 사람들은 행복하다고 느낀다. 관계가 좋은 가족, 친구, 선후배가 인생의 행복을 결정하는 것이다.

사람은 좋은 인간관계를 맺는 것만으로도 행복을 느낀다. 그뿐 아니라 어려움을 겪는 순간 좋은 인간관계의 혜택을 받으면 그 자체가 곧 격려가 되고, 그 관계 속에서 구체적인 도움을 받을 수도 있다.

우리는 직장에서 팀으로 일하고 팀으로 결과를 낸다. 팀 안에서의 인간관계는 단순히 친하게 지내는 것만으로는 큰 효과를 기대할 수 없지만, 그래도 인간관계가 나쁜 것보다는 훨씬 낫다.

인간관계가 나빠지는 것은 이해관계자 개개인의 자존심 문제 때문인 경우가 가장 많다.

호불호가 달라도
인간관계는 개선할 수 있다

불교의 가르침 중에는 '사고팔고(四苦八苦)'라는 것이 있는데, 생(生)·로(老)·병(病)·사(死)와 함께 애별리고(愛別離苦), 원증회고(怨憎會苦), 구부득고(求不得苦), 오음성고(伍陰盛苦)를 아우르는 말이다. 이 말은 온갖 심한 고통과 괴로움을 뜻하는데, 그

중 원증회고는 '원망스럽고 미운 대상과 만나게 되는 고통', 즉 인간관계에 관한 것이다. 2,500년 전 불교가 처음 탄생했을 때 이미, 아니 그보다 훨씬 전부터 사람은 인간관계로 고민하고 좋은 인간관계를 갈망했던 것이다.

인간관계는 이토록 뿌리 깊은 문제이기 때문에 대부분의 사람들이 행복의 조건으로 좋은 인간관계를 꼽는 것은 어쩌면 당연할 수 있다.

인간관계에서 실패하는 사람은 모든 사람이 자신을 이해해준다고 굳게 믿는 경우가 많다. 그러나 그것은 자아도취에 빠졌다는 증거다. 이렇게 자신을 충분히 이해하지 못하는 사람과 좋은 인간관계를 구축하려면 자기 스스로 적극적으로 행동하는 것이 최선이다.

좋은 인간관계를 구축하는 데도 역시 인간력이 큰 힘을 발휘한다. 인간력이 높은 사람은 신뢰와 존경을 느끼는 사람에 대해서는 스스로 다가가려고 한다. 그들은 늘 겸손한 자세로 친밀함을 표현한다.

사람은 다른 사람과의 관계 속에 있을 때 안심하는 존재이다. '매슬로우의 욕구 5단계' 이론에 의하면 사람은 생리적 욕구, 안전에 대한 욕구 다음으로 애정과 소속에 대한 욕구를 추구한다. '입고 먹는 게 충족되어야 예절을 차릴 줄 안다'는 말이 있는데,

먹을 것이 충족되고 생명의 위협이 사라지면 그 다음에는 어떤 집단의 일원이 되기를 바라는 것이 사람이다. 사람은 기본적으로 다른 사람과 관계를 맺어야 살아갈 수 있다. 따라서 앞에서 말했듯이 상대방에게 관심을 보이는 것은 좋은 인간관계를 구축하기 위한 가장 기본적인 방법이다.

인간관계에서 쌍방 간에 서로 자극을 주고 반응하는 데 사용하는 일체의 수단을 심리학에서는 '스트로크(stroke)'라고 한다. 스트로크는 말로 할 수도, 행동으로 할 수도 있지만 태도와 행동은 때때로 상대방에게 잘 통하지 않는 경우가 있다. 따라서 좀 더 명료하고 정확하게 스트로크하려면 먼저 호의적인 말로 상대방에게 관심을 표현하는 데서부터 시작해보자.

심리학에는 또 라포르(rapport)라는 것이 있는데, 상대방과 마음이 서로 통해서 무엇이든 말할 수 있는 상호신뢰관계를 형성하는 것을 말한다. 어떤 상대와도 라포르를 형성할 수 있는 사람은 인간관계의 달인에 해당하는 인간력을 갖췄다고 할 수 있다. 사장자리에 오르는 사람은 부하 직원은 물론 거래 상대와 심리적으로도 서로 통하는 관계를 만들 수 있어야 한다.

나이와 상관없이
언제나 청춘으로 살려면…

옛 사람들은 사람의 일생을 사계절에 비유하곤 했다.

젊은 시절은 인생의 봄이다. 10대부터 20대까지의 이 시기는 '청춘(靑春)'이다. 미숙하기는 해도 활력이 있고, 실패하더라도 충분히 그것을 극복할 수 있는 생명력이 넘치는 시절이다. 불안정하기는 하지만 사람의 일생 중 가장 매력적인 시절일 것이다.

청년기부터 장년기는 여름이다. 모든 일이 순조로운 계절이다. 비즈니스에 있어서도 책임 있는 위치에 오르고, 큰일을 맡는 때다. 가정을 꾸리는 등 인생에서의 중요한 일들이 일어나며, 인생의 방향은 이 시기의 경험에 의해 거의 결정된다. 봄이 청춘이라면 여름은 '주하(朱夏)'라고 한다. '주'는 '붉다'는 의미다.

봄이 푸른색, 여름이 붉은색이라면, 가을은 흰색이다. 이름하여 '백추(白秋)'다. 인생의 가을은 원숙한 중장년 시절이다. 인생에 있어서의 고비라 할 수 있다. 자연계에서 가을이 결실의 계절이듯 인생의 가을에 해당하는 초로(初老)의 중년기에는 그때까지 살아온 결과가 나타난다.

인생의 겨울, 노년기는 '현동(玄冬)'이라고 한다. 색깔은 검은색으로 표현된다.

사계절을 나타내는 푸른색, 붉은색, 흰색, 검은색은 방위를 의미하기도 한다. 푸른색은 동쪽, 붉은색은 남쪽, 흰색은 서쪽, 검은색은 북쪽을 나타낸다. 동쪽은 해가 뜨는 방향이고, 남쪽은 해가 가장 높게 뜨는 방향이다. 서쪽은 석양이 지고, 북쪽은 가장 생명력이 부족한 방향이다.

인생의 승패는
VSOP

나는 인생을 VSOP라고 주장한다.

- V(Vitality): 20대는 체력과 활력으로 승부한다.

- S(Specialty): 30대는 전문성으로 승부한다.

- O(Originality): 40대는 독창성으로 승부한다.

- P(Personality): 50대 이후는 인간력으로 승부한다.

V와 S는 트레이닝이 중요하다. O는 교과서에 없는 것, 실제 경험을 통해 얻은 지혜, 즉 견식이 바탕이 된다. 50대 이후에는 P, 즉 인간력이 필요한데, 인간력으로 쇠퇴한 체력과 기억력, 독창성을 보완하라는 뜻만은 아니다. 50대에는 더 이상 체력, 지혜만으로 감당할 수 없는 위치와 입장에 서게 되는데, 이 모든 것을 종합하는 인간력이 없으면 그 나이에 어울리는 행동을 기대하기 어렵다는 의미다.

또 하나 중요한 것이 있다. 나이를 불문하고 마음은 늘 청춘이어야 한다는 것이다. 사무엘 울만의 〈청춘〉이라는 시에는 그 이유가 잘 표현돼 있다.

청춘

청춘이란 인생의 어느 한 시기가 아니라 마음가짐을 뜻한다.
뛰어난 창조력, 늠름한 의지, 불타는 열정, 두려움을 물리치는 용기, 안이함을 떨쳐버리는 모험심, 이런 모습을 청춘이라 한다.

사람은 나이를 먹는 것만으로 늙지 않는다. 이상을 잃어버릴 때 비로소 늙어간다.

세월은 피부를 주름지게 하지만 열정을 잃으면 영혼을 주름지게 한다.

근심과 의심, 불안, 공포, 실망이야말로 사람을 늙게 하고 기백 있는 혼도 먼지로 돌아가게 한다.

나이가 예순이든 열여섯이든 마음속에는

경이로움의 유혹, 하늘에 반짝이는 별들, 그 반짝임과 비슷한 모든 일과 사상에 대한 공경, 일을 처리하는 강직한 도전, 어린아이의 탐구심, 인생에 대한 환희와 흥미가 있다.

사람은 신념과 함께 젊어지고 의혹과 함께 늙어간다.

사람은 자신감과 함께 젊어지고 공포와 함께 늙어간다.

희망이 있는 한 젊어지고 실망과 함께 쓸모없어진다.

대지보다 신보다 사람보다 아름다움과 희열, 용기와 장대함, 그리고 응원을 받는 한 사람의 젊음은 사라지지 않는다.

이런 영감이 끊기고 비탄의 흰 눈이 사람의 마음 깊은 곳까지 덮어서 두껍고 짓궂은 얼음에 굳게 갇히면 이때야말로 사람은 완전히 늙어서 신의 동정을 바랄 수밖에 없다.

그러나 안테나를 다시 세우고

희망의 전파를 수신하는 한

그대는 여든 살이어도 늘 푸른 청춘이다.

– 사무엘 울만

회사도 사장도
정기 검진이 필요해!

리더는 몸과 마음이 건강해야 한다. '건전한 정신은 건전한 몸에 깃든다'는 말이 있는 것처럼 몸이 건강하면 대부분 마음까지 건강하다. 마음이 건강한 사람은 생각과 행동이 건강하다.

어쩌다 병에 걸리더라도 그 병을 관리하기 위해 조심하다보면 다른 질병까지 막을 수 있는데, 병에 걸려도 이처럼 행동이 건강한 사람은 역시 건강한 사람이라고 할 수 있다.

병은 미연에 방지하는 것이 가장 좋다. 그것은 사장자리에 앉은 사람도 회사도 마찬가지다. 그래서 추천하고 싶은 것이 있다.

운 나쁘게 병에 걸리더라도 치료 시기를 놓치지 않으려면 정기적으로 건강검진을 받아야 한다. 그런데 몸이 건강한지는 의료기관에서 확인할 수 있지만 회사가 건강한지는 어떻게 확인할 수 있을까?

회사의 건강을 진단하는 기관이나 진단 매뉴얼이 정해져 있는 것은 아니다. 그래서 내 나름대로 회사를 위한 건강진단표를 만들어 경영의 건전도를 확인하고 있다. 도표 10 '회사의 건강진단표'를 참고하기 바란다. 진단 결과 '만족'에 해당되는 항목이 많을수록 건전하게 경영하고 있다는 뜻이다.

회사를 위기에서
구하려면 꼭 필요한 것

평소 건강관리에 신경 쓰고 건강진단을 꾸준히 받더라도 병에 걸릴 수 있다. 회사도 마찬가지다.

병에 걸리면 원인을 밝혀야 하지만, 긴급한 상황이라면 먼저 치료부터 해야 한다. 그 다음이 병의 원인 제거 및 체력 회복이다.

병을 치료하기 위해서는 의사의 도움이 필요하듯 회사의 병을 치료하는 데도 의사에 해당하는 금융기관 등의 도움이 필요

도표 10 회사의 건강진단표

평가 기준			배점 (A)	평가(B) (1~4)	점수 (A×B)	대책
① 경영자의 품질	열정	1) 경영자의 열정 · 꿈 · 포부				
		2) 직장의 열정도 · 활성도				
	방향성					
	이념(미션 · 비전 · 가치)	1) 이해도 · 납득도 · 활용도				
	목표(SMART)	2) 이해도 · 납득도				
	전략 (성장 전략 · 혁신력)	3) 이해도 · 납득도				
②	직원 품질 · 만족	1) 기술(업무력)				
		2) 마인드(인간력=신뢰 · 존경 · 의욕)				
		3) (옳은) 만족 (긍지 · 성취감 · 자기실현감)				
③	상품 · 서비스 품질	1) 흐름 제공				
		2) 우위성을 동반한 차별화				
		3) 비용 경쟁력				
④	고객 · 사회 만족	고객 감동 · 사회 공헌				
⑤	업적	매출 · 이익				
⑥	주주 만족	주가 · 배당				
합계			25			

평가: 1 = 매우 불만족   4 = 매우 만족

하다. 자금을 수혈하거나 대출 상환 기일을 연기하는 등 살아갈 대책을 마련해야 한다. 회사 자체의 체력만으로 사태를 극복할 수 없는 경우에는 외부로부터 힘을 빌려야 한다.

사람의 몸은 원래 병으로부터 건강을 지킬 수 있는 힘을 가지고 있다. 회사 역시 잘못된 경영을 하지 않는 한 돈을 벌 수 있게 돼 있다. 둘 다 자연회복력을 갖고 있다. 일시적으로 병을 극복하기 위해서는 외부의 힘이 필요하지만 근원적으로 회복하는 데는 우리 몸이 갖고 있는 자연회복력을 동원해야 한다. 그래서 의사나 금융기관의 힘도 중요하지만 스스로의 의지력이 무엇보다 필요하다. 회사를 위기에서 구하기 위해서는 선두에 서 있는 사장과 그 뒤를 따르는 직원의 의지력이 무엇보다 중요하다.

HEALTH

건강한 회사를 만들기 위한 황금 사이클

사람이 건강을 유지하기 위해서는 규칙적인 생활을 해야 하는 것은 당연하다. 그런데 기업의 건강을 지키는 비결도 그와 별로 다르지 않다. 건전한 기업이 되기 위해서도 규칙적인 방식이 필요하다. 이 규칙적인 경영 방식을 나는 '황금 사이클'이라고 부른다.

이 황금 사이클을 따라 경영하면 어지간한 천재지변이 일어나지 않는 한 기업은 건전하게 계속 발전할 수 있다. 황금 사이클에는 지금까지 내가 경영을 해오면서 얻은 모든 것이 담겨 있다.

도표 11 기업이 계속 발전하기 위한 황금 사이클

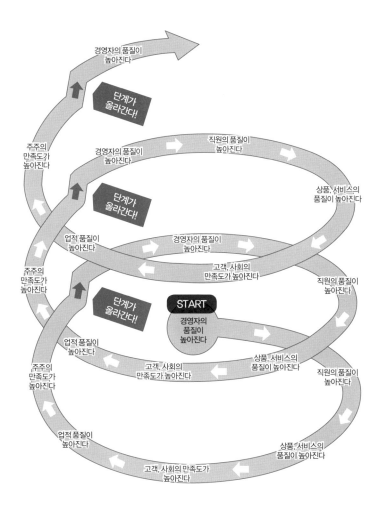

조금 과장하자면 나의 경영자로서의 삶의 진수가 담겨 있는 경영 비법이라고 할 수 있다.

기업에서 일어나는 모든 일은 그것이 좋은 일이든 나쁜 일이든 그 시작점에는 사장이 있다. 따라서 황금 사이클도 사장에게서 시작된다.

시작은 사장이,
목표도 사장이 정한다

사장의 업무력과 인간력이 높으면 시간이 흐르면서 직원의 품질에 영향을 미쳐서 직원의 힘이 향상된다. 직원의 힘이 향상되면 팀과 조직의 힘이 올라간다. 팀과 조직의 힘이 올라가면 상품과 서비스의 품질도 향상되므로 고객은 기꺼이 돈을 내고 상품을 구매하려고 한다.

현장에서 상품을 만드는 것은 직원이며, 직접 고객을 대하는 것도 직원이기 때문에 직원의 힘이 향상되면 서비스의 품질이 올라가게 되는 것이다.

상품과 서비스의 품질이 올라가면 그것을 이용하는 고객의 만족도가 올라간다. 고객의 만족도가 올라가면 사회에서 기업의 인지도도 올라갈 뿐만 아니라 신뢰도도 향상된다.

고객 만족도와 사회 만족도가 향상되면 당연한 결과로 회사의 업적이 향상된다. 회사의 업적이 향상되면 회사에 대한 평가가 좋아지고 기업의 가치가 오른다. 기업 가치가 오르면 주가가 오른다. 주가가 오르면 주주의 자산이 늘어나 주주의 만족도도 올라간다. 주주 만족도가 올라가면 사장의 평가와 기대감도 올라간다.

사장은 이런 주주의 기대에 부응하기 위해 새로운 목표를 향해 도전한다. 이렇게 한 단계 도약하게 되고, 사장은 다시 다음 단계의 사이클을 반복한다.

리더가 FUN해야
직원이 FUN하다

리더에게는 'FUN'이 중요하다. 리더는 즐길 수 있어야 하는 것
이다. 존슨앤드존슨의 전 CEO 제임스 버크는 전 세계의 간부
들에게 평소에 '즐겨야 좋은 일을 할 수 있다'는 말을 자주 하곤
했다.

   일은 세 가지로 분류할 수 있다. '즐거운 일', '즐겁지 않은 일',
'즐겁게 하는 일'이 그것이다. 즐거운 일이라면 문제없지만 불행
하게도 즐겁지 않은 일이라면 마음의 채널을 움직여 즐겁게 하
는 일로 바꿔야 한다.

일에는 완벽하게 마무리하기 어려운 일은 있을 수 있어도 하고자 하는 마음이 들면 즐기지 못할 일은 없다. 일을 즐길 수 없으면 그것은 일 때문이 아니라 자신의 마음에 문제가 있기 때문일 수 있다. 버겁게 느껴지는 일일지라도 시간을 들여 열심히 대처하면 버거웠던 일이 특기로 바뀔 수도 있다.

직원이 일을 즐기지 못한다면, 가장 큰 원인은 리더가 일을 즐기지 않기 때문일 수 있다. 리더가 일을 즐기지 못하는데 어떻게 부하 직원이 일을 즐길 수 있겠는가?

그런데 리더가 일을 즐기기 위해서는 조건이 하나 충족되어야 한다. 리더의 몸과 마음이 건강해야 하는 것이다. 리더의 건강은 사업 현장의 건강, 회사 전체의 건강, 그리고 회사와 관계된 많은 사람들의 건강으로 이어진다.

지나친 스트레스를
피하는 방법

건강을 적극적으로 관리해야 하는 이유와 정기검진의 필요성에 대해서는 이미 앞에서 설명했다.

'병은 마음먹기에 달렸다'는 말이 있는데, 현대인의 병은 스트레스가 원인인 경우가 많다. 그만큼 스트레스 관리는 건강관리의 첫걸음이라고 할 수 있다. 물론 사람이 활동하는 한 스트레스가 전혀 없을 수는 없다. 적당한 스트레스는 삶의 의욕을 자극하기도 한다. 그러나 지나친 스트레스는 사람을 망가뜨린다. 따라서 스트레스를 지나치게 키우지 않으려면 스트레스를 조절하는 기술이 필요하다. 그중 하나가 긍정적으로 생각하는 것이다.

그러나 너무 지나친 스트레스는 긍정적인 생각마저 앗아갈 수 있고, 부정적인 생각에 매몰되게 한다. 좋아서 맡은 일인데 일을 계속하기 힘들다면, 그것은 스트레스를 지나치게 받고 있다는 신호일 수 있다. 그럴 때는 일시적으로 그 일로부터 떨어져 있는 것이 최선이다.

구체적으로 나는 다음의 방법을 추천한다.

스트레스는 STRESS로
해소하자

지나친 스트레스에서 벗어나려면 먼저 스트레스가 생기는 환경에서 일시적으로라도 벗어나야 한다. 물리적, 지리적으로 거리를 둘 뿐만 아니라 정신적으로도 멀리하는 것이 지나친 스트레스로부터 자신을 보호하는 효과적인 방법이다.

그런데 스트레스를 해소하려면 'STRESS'가 필요하다. Sports(스포츠), Travel(여행), Recreation(휴식), Eat(음식), Sleep(잠), Smile(웃음) 말이다.

운동을 하면 정신적으로도 몰두할 수 있고 육체적으로도 건강한 피로감을 느끼게 되어 잠을 깊이 잘 수 있다. 여행은 일정 시간 동안 스트레스 현장에서 벗어나 정신적으로 회복할 수 있게 해준다. 이렇게 지나친 스트레스에서 잠시 벗어나보면 의외로 스트레스의 원인이었던 것이 그리워지기도 하고, 그 일을 지금까지와는 다른 관점에서 볼 수 있게 된다.

맛있는 음식을 먹는 것도 스트레스에서 벗어날 수 있는 좋은 방법이다. 하지만 즐길 수 없는 식사는 오히려 스트레스를 강화시킨다. 스트레스를 해소하기 위해 폭식한 결과 스트레스 살이 찌는 현상이 대표적이다.

수면의 중요성은 말할 것도 없다. 그런데 충분한 수면만큼이나 수면의 질을 높이는 것도 중요하다. 질 좋은 수면은 저하된 기분을 회복시키는 데 매우 효과적이다.

웃음은 스트레스를 50퍼센트로 낮추는 효과가 있다고 한다. 스트레스는 상대방과의 자존심 문제로 발생하는 경우가 많은데, 그 자존심 싸움을 극복할 수 있게 해주는 것이 바로 웃음이다.

BECOMING

A LEADER

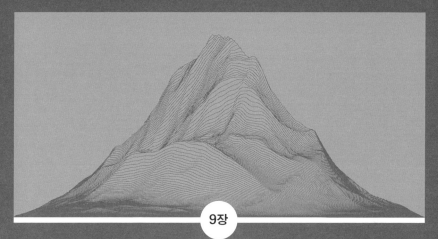

9장

당신의 회사는
달라질 수 있는가?

혁신 · 고결함

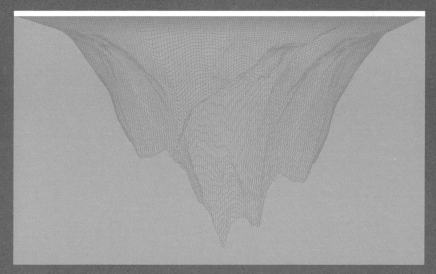

기업이 같은 속도로 계속 달린다는 것은 변화
가 없다는 것이며, 그것은 곧 정체를 의미한
다. 정체된 기업은 위험하다. 그렇다고 분별
없이 변화하면 안 된다. 경영은 변화와 불변
이 균형을 이뤄야 한다. 변화를 두려워해서
도, 변화에만 시선을 빼앗겨서도 안 된다.

당신은 벽을 뛰어넘을 각오가 된 사장인가?

기업을 경영하면서는 부단한 개선이 필요하고, 때로는 혁신도 필요하다.

개선은 현장에서 작은 변화들을 줄기차게 반복 시행하는 것이다. 한편 혁신은 현재 단계에서 비약적으로 뛰어올라 변화하는 것이다. 개선 전과 후가 서로 연결되어 있다면, 혁신은 벽이나 홈을 뛰어넘는 것이다. 사람은 변화를 두려워하는데, 그 이유 중 하나는 변화에 따르는 실패가 두렵기 때문이다. 뛰어올랐다가 착지하는 데 실패하면 크게 다칠 수도 있기 때문이다. 그런 점에서

서서히 변화하고 안전한 개선은 상대적으로 받아들이기가 쉽다.

'삶은 개구리 증후군'이라는 것이 있다. 약한 불로 가열하는 물에 들어가 있는 개구리는 물의 온도가 서서히 상승하는 탓에 변화를 느끼지 못해 물이 뜨거워질 때까지 버티다가 거기서 뛰쳐나올 타이밍을 놓쳐 결국 완전히 익어버린다는 이론이다. 개구리에게는 비극적인 이야기지만, 이 이야기를 좋은 쪽으로 해석해보면 작은 개선을 거듭할 경우 개선의 당사자도 모르는 사이에 비약적으로 개선되어 궁극적으로는 혁신이 이뤄질 수 있다는 이야기가 된다.

개선은 점진적으로, 혁신은 급진적으로

개선을 할 때 가장 중요한 것은 '계속'하는 것이다. 개선으로는 변화가 적은 탓에 오랜 시간을 들여 계속하지 않으면 큰 결실을 기대할 수 없다. 한편, 안전하고 점진적으로 변화되기 때문에 현장 사람들이 비교적 거부감 없이 받아들일 수 있다. 오늘의 개선은 어제의 연장선상에 있으며, 내일의 개선은 오늘의 연장선상에 있다. 따라서 표면적으로는 어제도 오늘도 별반 다를 것이 없다. 그러나 끊임없이 개선하는 회사는 강의 흐름에 뒤처지지 않고, 시대의 변화를 따라갈 수 있다.

개선이 변화를 따라가는 데 초점이 맞춰진다면 혁신은 게임 자체를 전환하는 것이다. 주위의 경치나 환경도 확 달라진다. 그래서 충격이 크다. 따라서 혁신은 밑에서부터 시작되는 상향식으로는 불가능하고, 위에서부터 하향식으로 단행할 수밖에 없다.

때때로 개선과 혁신은 겹쳐 보이기도 하지만 두 가지가 결코 같은 것은 아니다. 반복하지만 개선이 계속 이어지는 데 반해 혁신은 전례가 있는 일이나 기존에 나타나던 현상과는 거리가 있다. 기업에는 그 성장에 맞는 단계가 있다. 단계와 단계 사이에 벽이나 홈만 있을 뿐 사다리나 다리는 없다. 그래서 다음 단계로 가려면 현상을 뛰어넘는 비약적인 변화가 필요하다. 개선이 계속해서 걷는 행위라면 혁신은 벽을 뛰어넘는 행위인 것이다.

안정과 화목을 중요하게 여기는 기업에서는 대체로 개선은 잘한다. 개선은 현장 중심의 팀워크로 그 성과가 올라간다. 하지만 보수적인 기풍이 강한 기업에서는 '큰 변화는 안정을 흔든다'는 이유로 피하고 싶어 하는 분위기가 강하다. 사장도 안정지향적인 사람이 많다. 결과적으로 이율배반이 일어난다. 안정을 중시하는 회사일 경우 팀워크는 뛰어나지만 리더로서의 과감한 결단력이 부족하기 십상이다. 결단력이 부족하면 서서히 개선

도표 12 개선과 혁신의 차이

	개선	혁신
주역	현장 주도	사장 주도
영향	부분적	회사 전체적
효과	작다	크다
예산	소규모	(대부분의 경우) 대규모
기간	단기	장기
위험	작다	크다
성공의 관건	반복적으로 계속 추진	사장의 결단력

할 수는 있어도 과감한 혁신은 기대할 수 없다.

또 대부분의 기업은 일단 전략 한 가지를 결정하면 한 방향, 즉 전진 전략만 내세운다. 혁신은 위험을 동반하기 때문에 철수 전략이 없으면 실패했을 경우 회복할 수 없는 큰 상처를 입게 된다. 따라서 혁신에는 전진, 철수라는 두 방향의 전략이 다 필요하다.

끊임없는 개선에 권태감을 느낄 때
사장이 해야 할 일

예를 들어 판매비와 일반관리비를 매년 5퍼센트씩 삭감하고자 한다면 이는 개선에 해당한다. 그런데 매년 판매비와 일반관리비를 계속적으로 삭감해 13년 동안 총 50퍼센트를 삭감했다면 그것은 개선이 아니라 혁신이다. 시간을 들여 개선을 거듭하면 머지않아 혁신에 이르게 된다.

단기간에 큰 기업을 일구려면 혁신에 버금가는 혁신을 해야한다. 이렇게 벽과 틈을 뛰어넘는 혁신은 크든 작든 도박이다. 기업이 성장하는 과정에서는 부러 확대를 위한 도박판에 발을 들이는 경우도 있다. 그러나 도박에만 정신이 팔리게 되면 중요한 것을 놓치게 된다. 자칫 규모 확대만을 신경 쓰다가는 경영의 품질은 등한시하게 될 수도 있다.

혁신을 통해 기업 규모 확대를 도모하기 전에 개선을 거듭함으로써 품질을 관리할 필요가 있다. 그런데 경영자, 특히 경험이 부족한 젊은 경영자는 이 점을 간과하곤 한다.

끊임없는 개선을
지옥으로 느낀다면

화상 통화나 동영상 통화 같은 양방향 통신은 화질과 음질 개선이라는 작은 개선을 거듭하고 인터넷 같은 IT 인프라를 이용함으로써 비즈니스로 발전할 수 있었다. 즉 혁신의 타이밍은 개선을 거듭한 기술이 뒷받침돼야 비로소 가능하다. 따라서 개선은 혁신을 위한 점프대라 할 수 있다.

그러나 개선은 보폭이 좁은 탓에 자극도 적고 자칫하면 권태감에 빠지기 쉽다. 개선은 현장에 맡기는 만큼 현장에서 한번 의욕을 잃으면 순식간에 흔적도 없이 사라진다는 약점이 있다.

개선의 약점은 사람 마음의 약점이기도 하다. 개선 과정에서 권태감에 빠지려고 할 때 지속적으로 자극을 줘서 다시 의욕을 불러일으킬 수 있는 사람은 인간에 대해 깊이 이해하는 리더뿐이다.

직원에게 끊임없이 개선하라고 주문하면 직원은 그 상황을 지옥으로 받아들일 것이다. 그러므로 지속적으로 개선하기 위해서는 전략이 필요하다.

개선은 팀 단위로 실행하고, 칭찬도 팀을 대상으로 해야 한다. 사람은 자기 개인의 명예나 보수를 높일 때만큼이나 팀에 공헌할 때 보람과 기쁨을 느끼기 때문이다. 이런 전략을 적절하게 활용할 때 개선을 지속할 수 있다.

마차 10대를 연결해도
열차가 될 수는 없다

"마차 열 대를 연결해도 열차가 될 수는 없다."

경제학자 조지프 슘페터가 한 말이다. 조지프 슘페터는 기업의 혁신 활동이 경제 성장의 원동력이 된다고 주장한 인물이다.

마차 한 대가 1마력이라고 할 경우 열 대를 연결하면 10마력이 된다. 그러나 마차를 아무리 많이 연결해 마력을 올리더라도 마차는 그저 마차일 뿐이다. 마차를 연결하는 것은 개선에 해당한다.

그런데 마차를 열차로 만들면 그것은 혁신이다. 마차가 열차나 자동차가 되었을 때 혁신이 일어나는 것이다.

증기기관차가 처음 나왔을 때 영국의 마차업 종사자들은 철도 개설을 반대하는 분위기였다. 증기기관차가 생기면 자신들의 직업이 없어질 거라고 여겼기 때문이다. 그러나 분명 철도의 발달로 도시의 마차는 줄었지만 산업의 발전은 그들에게 다른 직장을 가져다줬다. 그리고 그 직장의 수는 비약적으로 늘었다.

이처럼 혁신은 세상을 바꾼다. 변화는 달리 말해 새로운 기회를 가져다준다는 의미이기도 하다.

IT 산업의 발달로 현대인들이 하고 있는 일의 절반 이상이 사라질 거라며 우려를 표하는 사람들이 있는데, 기존의 일이 사라지는 만큼 또 다른 일들이 새롭게 등장하지 않겠는가!

혁신이
새로운 산업을 만든다

혁신을 통해 생겨난 또 다른 수송 수단인 자동차는 20세기를 대표했던 산업 중 하나다. 그런데 자동차는 예나 지금이나 내연기관이나 모터에 의해 작동한다. 연료를 수소로 바꾸는가 하면 에어백, 내비게이션, 컴퓨터를 통한 엔진 제어 등의 뛰어난 기술을 장착해 기술의 발전을 도모하고 있지만 아직은 개선의 범주를 넘지 못하고 있다.

그런데 거기에 자율주행 시스템이 도입되면 그때는 그야말로 혁신이 일어날 것이다. 차량으로 전체 물량을 처리하는 물류 산업의 경우 드론의 발달로 혁신이 기대된다.

서비스 산업의 경우는 기본적으로 개선이 끊임없이 일어나고 있는 분야다. 개선의 결과 서비스의 품질이 높아지면 고객에게 감동을 주게 되고, 계속해서 감동적인 서비스를 제공하면 그 자체가 바로 혁신이다.

패스트푸드 산업을 대표하는 맥도날드는 처음에는 어느 시골마을에 있는 작은 햄버거 가게에 불과했다. 하지만 레이 크록은 이 작은 햄버거 가게에서 패스트푸드 체인 사업의 원형을 발견했다. 그 햄버거 가게는 '스피디 서비스 시스템(speedy service system)'을 도입함으로써 마치 포드사의 자동차 공장과 같은 효율과 에너지 절약을 이미 도모하고 있었고, 품질과 서비스의 질 또한 안정화되어 있었다. 믹서기 영업사원이었던 레이 크록과 손잡은 맥도날드는 그 시스템을 통해 햄버거 가게라는 개념을 뛰어넘어 패스트푸드 체인이라는 업태로 혁신을 이뤘다.

혁신은 어제까지의 상식을 뒤엎는 것이다. 뛰어넘어야 할 벽 너머에서는 어제까지의 상식은 통하지 않기에 한 치 앞을 알 수 없는 것이 사실이다. 그래서 혁신을 하기 위해서는 사장의 결단이 필요하다. 혁신 없는 기업에는 비약적인 성장도 없다.

후지필름은 일본을 대표하는 필름 제조회사였지만 지금은 화장품, 메디컬 분야에서 착실히 실적을 늘려가고 있다. 또한 과감하게 기업 매수도 하고 있다. 보잉사는 처음에는 미국 공군에서 사용하는 폭격기를 만들던 회사였다. 그러다 세계 최초로 제트여객기를 개발해 세계로 시장을 넓혔다. 또 한 대형 인쇄회사는 현재 종이 인쇄의 비중은 얼마 안 되고 IT 기기의 프린트 기판 사업 등 종이 외의 분야로 사업의 중심을 전환해가고 있다.

경영 환경이 급격하게 변화하며 큰일을 하는 와중일수록 혁신을 도모해야 한다. 그렇지 않은 기업에게 지속적인 성장은 있을 수 없다.

당신의 회사는
달라질 수 있는가?

변화는 완만한 개선이든 급격한 혁신이든 기업이 계속 성장·발전하기 위한 필수 조건이다. 기업이 같은 속도로 계속 달린다는 것은 변화가 없다는 것이기도 하며, 그것은 곧 정체를 의미한다. 정체된 기업은 위험하다.

그 정도로 변화는 중요하지만 그렇다고 분별없이 변화하면 안 된다. 경영은 변화와 불변이 균형을 이루어야 한다. 변화를 두려워하면 살아남을 수 없지만, 변화에만 시선을 빼앗기면 발을 헛디디게 된다.

여기서 당신에게 묻고 싶다. '당신의 회사는 달라질 수 있는가?'

계속 달라지는 것은 기업이 지속적으로 번영하기 위해 피할 수 없는 일이다. 그렇다면 발을 헛딛지 않고 달라지려면 어떻게 해야 할까?

그것은 기업의 포부, 이념을 지키는 것이다. '우리 기업은 무엇을 위해 존재하는가?', '우리 기업이 살아 있는 목적은 무엇인가?' 이 질문에 대한 답을 이념으로 삼아야 한다.

기업의 어떤 행동도 근본이념과 대의에 반하는 것이 있으면 안 된다. 변화를 추구하는 것은 되는 대로 하거나 유행에 휩쓸리는 것과는 다르다. 기업은 변함없는 원칙을 지키면서도 시대와 상황에 맞게 혁신할 수 있어야 한다. 이렇게 개선과 혁신을 계속할 때 비로소 기업은 지속 가능하다.

사용해도 줄지 않는 경영 자원? 그러나 키울 수 없으면 값이 떨어진다!

지속 가능성이란, 사회 인프라적으로는 화석 연료 등의 유한한 자원은 물론 태양광이나 풍력처럼 사용해도 줄지 않는 자원을 계속해서 사용할 수 있도록 유지하는 상태를 말한다.

그렇다면 기업의 지속 가능성을 높이기 위해 경영 자원 중 사용해도 줄지 않는 것은 무엇이 있을까? 돈과 재화, 시간은 사용하면 줄어들거나 값이 떨어진다. 반면 어떻게 사용하느냐에 따라 값이 떨어지지 않고 오히려 올라가는 것이 있는데, 그것은 사람의 품질, 정보의 양과 질, 브랜드의 가치다.

그런데 사람은 사용한다고 줄지 않지만 그대로 둔다고 값이 올라가는 것도 아니다. 사람은 키울 수 없으면 값이 떨어진다. 정보 역시 열심히 수집하고 활용하지 않으면 얻을 수 없다. 브랜드도 계속 연마하지 않으면 품질이 떨어진다. 세 가지 모두 날마다 새롭고 또 새로워져야 한다. 사람도, 정보도, 브랜드도 겉으로는 똑같아 보여도 속으로는 매일 계속 달라져야 하는 것이다.

기업이 초기에 성장·발전할 때는 돈과 재화가 매우 중요한 역할을 한다. 그러다 기업의 기반을 닦고 지속 가능성 단계에 돌입하면 '기업은 곧 사람'이라는 인식을 가지고 사람을 강조하게 된다. 훌륭한 경영자일수록 재화나 돈보다 사람을 중요시한다.

잭 웰치는 자서전에서 "시간의 80퍼센트는 조직과 사람을 중심으로 생각하는 데 썼다"고 말했다. 이처럼 기업의 가장 중요한 자원은 사람이며, 사람이야말로 기업의 지속 가능성을 촉진한다.

사장자리에 오른 후 들어야 할 최고의 칭찬은?

영어 단어 'integrity'는 '정직함'이나 '고결함', '성실함' 등으로 번역되는데, 어떤 것도 딱 들어맞지 않는 듯하다. 굳이 말하자면 '고결함'이 그 의미에 가장 가까울 것이다.

서양에서 누군가에게 '고결한 사람'이라고 평하는 것은 최고의 칭찬으로 통한다. '고결함'는 궁극의 인간력을 말한다. 그래서 리더의 인간력은 필경 '고결함'이라고 바꿔 말해도 좋을 정도다. 리더에게 필요한 기술, 혁신력, 창조력, 실행력, 통찰력, 결단력, 설득력 등은 전부 고결함이라는 플랫폼 위에 구축된다.

고결함은 이상론일 뿐이고 기업 경영은 이상론으로는 할 수 없다고 말하는 경영자가 많다. 물론 기업 경영에는 현실론을 바탕으로 판단해야 할 일이 많은 것이 사실이다. 하지만 꿈이나 큰 목적을 이루려고 할 때는 현실론만으로 앞으로 나아가기 어려운 것이 사실이다.

기업도 사람도 이상만으로 큰일을 이룰 수 없지만, 이상이 없으면 큰일은 할 수 없다. 일례로 미국에서 1천 명이 넘는 직장인들을 대상으로 설문조사를 했는데, 경영자가 직원으로부터 고결하다고 평가받은 기업일수록 실적이 좋다는 사실이 통계적으로 증명되었다고 한다.

고결함의
조건

그렇다면 구체적으로 어떤 사람이 고결한 사람일까? 그 조건은 다음과 같다.

1 말과 행동에 있어서 겉과 속이 다르지 않은 성실한 사람
2 일관성과 신념이 있는 사람

3 신뢰하고 존경할 수 있는 사람

4 '그 사람 뒤를 따르고 싶다', '그를 위해서라면 무엇이든 할 수 있다'라는 생각이 들게 하는 사람

5 확고한 신념과 이상을 가진 사람

안타깝게도 이 다섯 가지를 모두 갖추고 있는 리더는 드물다. 그중 가장 갖추기 어려운 것은 일관성이다. 사장자리에 오르면서 자신의 사명을 다한 후에는 그 자리에서 물러나겠다고 약속하는 사장이 더러 있는데, 모든 약속을 다 잘 지키고도 마지막에 자리에 연연하는 모습을 보여 끝이 좋지 않은 경우가 많다. 주위에서 추종하는 사람이 많아지면 어느 순간 '한두 가지 약속쯤 어긴들 어떻겠어?'라고 생각하게 되기 때문이다.

지위와 권력이 뒷받침되고 주변에 비교할 대상이 없으며, 사람들이 추종하며 추켜세우면 사장도 약하고 여린 존재인지라 방심할 수 있다. 그러다 자기도 모르게 권력의 함정에 빠져 물러날 때를 놓치게 된다.

그러나 '사장님뿐입니다'라는 주위의 말은 대부분 진심이 아니라 겉치레나 아부성 발언인 경우가 많다. 실제로 수많은 직원들이 뒤에서 '작작 좀 해!'라며 아우성치고 있을 수 있다.

이렇게 방심하다 권력의 함정에 빠지지 않기 위해서는 확고

한 신념과 이상이 필요하다. 조직의 대표가 마지막으로 인간력을 발휘할 때는 은퇴를 할 때다. 모든 것을 다 잘하고도 끝이 좋지 않은 사장들은 물러날 때를 놓치기 때문인 경우가 많다. 따라서 은퇴할 때야말로 일관성 있는 모습을 보여주기에 적합한 때라 할 수 있다.

INTEGRITY

이런 부하 직원은
귀하게 대하라

주위 사람들이 신뢰하고 존경하는 훌륭한 인물이라도 인간인 지라 그도 때로는 허점을 보일 때가 있다. 신뢰, 존경받는 사람 은 다른 사람을 움직일 수 있는 인간력이 풍부한 사람이다. 그 러나 그 주위에서 보내는 신뢰와 존경이 때로는 독이 되기도 하 고, 자기 자신을 겨누는 양날의 검이 되기도 한다. 주위의 신뢰 와 존경이 깊을수록 자칫 자만심이 커지고 거만해질 수 있기 때 문이다. 이런 자만심과 거만함 끝에는 파멸과 실패가 기다리고 있다.

쓴소리를 해주는
부하 직원이 있는가?

영국의 역사학자 존 액톤은 "권력은 부패한다. 절대적인 권력은 절대로 부패한다"라고 말했다. 아무리 훌륭한 사람이라도 오랫동안 권력을 잡고 있으면 반드시 파멸하게 돼 있다. 사장이 이런 권력의 함정에 빠지지 않으려면 아무리 주위 사람들로부터 신뢰와 존경을 받더라도 반드시 부패할 수 있다는 사실을 잊지 말아야 한다. 자신만은 예외라고 생각하는 것 자체가 부패의 징조라는 것을 이해해야 한다.

따라서 스스로 자신을 점검할 자신이 없는 사장이라면 직언, 쓴소리, 조언을 적극적으로 들을 것을 권한다. 예스맨이나 아첨꾼의 감언이설은 피하고 충고를 아끼지 않는 사람을 가까이 하자. 주위에서 신뢰와 존경을 받는 사람일수록 직언, 쓴소리, 조언을 해주는 사람을 가까이 둬야 한다. 이는 인간력이 잘못된 방향으로 치우치는 것을 막는 방법이다. 즉 사장자리에 올랐다면 듣기 거북한 말을 해주는 부하 직원을 귀하게 대할 줄 알아야 한다.

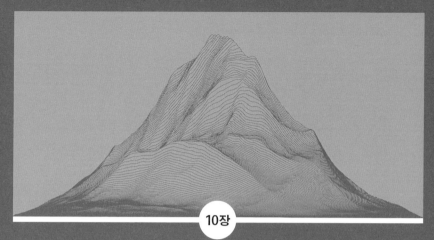

10장

사장을 위해 무엇이든 하겠다고
마음먹게 하는 법

열정 · 덕망

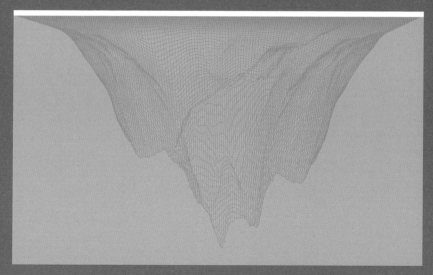

열정은 자신의 강렬한 신념, 이념에 의해서만
만들어진다. 신념과 이념이 열기를 북돋는 것
이다. 그 열기가 열정의 불꽃이 된다. 사람은
그 열기로 논리와 계산을 뛰어넘어 자극을 받
는다. 따라서 신념과 이념이 없는 사람은 타
인을 움직일 수 없다.

열정은 성공에
불을 지피는 열쇠

'사라지는 것보다 타버리는 편이 더 낫다'는 말이 있다. 인생을 열정적으로 살고 싶다는 바람에서 나온 말일 것이다. 이처럼 누구나 한 번쯤은 결과가 어떻든 간에 완전히 연소할 때까지 자신을 다 바치고 싶다는 생각을 해봤을 것이다.

경영자가 기본적으로 갖추어야 할 업무력과 인간력은 열정을 만나면 크게 달라진다. '(업무력+인간력)×열정', 여기에 운이 더해지면 그 값은 큰 폭으로 증가한다.

일본전산의 창업자 나가모리 시게노부는 "직원 100명이 있으면 능력은 다섯 배 정도 차이가 나지만, 열정은 무려 100배나 차이가 난다"고 했다. 직원이 이런데 하물며 경영자는 어떨까?

열정 없는 경영자는 경영자로서 자격이 없다. 이런 경영자는 즉시 사장자리에서 물러나야 한다. 윗사람이 불타지 않는데 아랫사람이 불타오를 리 없지 않은가! 윗사람이 불타오르면 열정의 불꽃은 조직 전체로 퍼진다. 그러면 불타는 조직이 되게 된다.

열정의
5가지 유형

열정에는 다음과 같이 다섯 가지 유형이 있다.

1 **자연발화형**: 연료가 풍부하며 발화점도 낮아 스스로 불타오르는 유형

2 **가연형**: 스스로 불타오르지는 않지만 다른 사람이 불을 붙여주면 잘 타는 유형

3 **불연형**: 스스로 불타오르는 일도 없고 다른 사람이 불을 붙여줘도 끝까지 불타지 않는 유형

4 **소화형**: 자기 스스로 불타지 않는 데다 다른 사람의 불꽃을

끄고 다니는 유형

5 점화형: 자기 스스로 불타오를 뿐 아니라 다른 사람도 불타
게 하는 유형

내 경험상 세상에는 자연발화형이 5~10퍼센트 정도, 가연형
이 80퍼센트 이상, 불연형이 2~3퍼센트, 점화형이 5퍼센트 정
도 되고, 유감스럽게도 소화형도 1~2퍼센트 정도 된다. 사장이
나 리더는 자연발화형이면서 동시에 점화형이어야 하는 것은
당연하다. 소화형은 어떤 이유로 정신의 건전성을 상실한 유형
이다. 젊은 직원이 모처럼 의욕이 생겨 일에 몰두하려고 할 때 소
화형 선배가 근처에 있으면 '해도 소용없다', '해봤자 좋은 평가
를 받지 못한다' 등 부정적인 조언을 해서 젊은 직원의 의욕을 꺼
뜨리고 만다.

리더의 열정은
조직 전체로 번진다

불연형도 문제다. 불연형에는 두 종류가 있다. 태어나 한 번도
불타올랐던 적이 없고 앞으로도 불타지 않을 연료 부재형과 젊

어 한때 불타오른 적이 있지만 다 타고 연료가 고갈되어 앞으로 두 번 다시 타오를 일이 없는 유형이다. 후자는 이른바 번아웃 증후군을 앓는 경우가 많다. 하지만 이들을 구할 방법은 없다. 아무리 물을 줘도 시든 나무에는 꽃이 피지 않는 것과 같다.

리더의 열정이 강할수록 조직의 점화력도 강하다. 대표가 열정적으로 불타오르면 그 불은 조직 전체로 번진다. 80퍼센트 이상을 차지하는 가연형 인간에게로 불이 전이된다. 그 결과 직장 전체가 불타오르게 되면 불연형, 소화형이 미치는 영향도 최소한으로 줄일 수 있다.

PASSION

사람의 감정을 움직이는
결정적인 한 방은?

사람은 머리로는 알고 있더라도 행동으로는 좀처럼 옮기지 못하는 경우가 많다.

흡연이 수명을 단축시킨다는 것은 누구나 알고 있다. 몇 해 전 싱가포르공항 면세점에 있는 담배 매장에 '흡연은 사람을 죽인다'라는 포스터가 내걸린 적이 있다. 그러나 매장의 담배 매출은 줄지 않았다.

한 젊은 편집자는 몸에 해롭다는 것을 알면서도 계속 담배를 끊지 못했다. 그런 그에게 어느 날 아이가 다짜고짜 '아빠 죽어?'

라고 물었다. 아직 어렸던 아이가 주변 사람들이 담배가 몸에 해롭다고 얘기하는 것을 듣고 담배를 피우는 아빠가 걱정스러워 한 말이었다. 그 편집자는 아이의 말을 들은 이후 바로 담배를 끊었다. 그로부터 3년여의 시간이 지났지만 그 후 담배를 한 개비도 피지 않았다고 한다.

사람을 움직이는 것은 논리가 아니라 감정이다. 논쟁을 할 때 상대가 완벽한 논리를 펴면 거기에 승복한다. 그러나 설득되더라도 납득한 것이 아니면 호락호락하게 행동을 바꾸지 않는다. 따라서 사람을 움직이려면 이해득실을 기반으로 사람의 마음과 감정, 또는 그 양쪽 모두에 호소해야 한다.

사람의 감정에 호소할 때 가장 결정적으로 영향을 미치는 것은 역시 인간력과 열정이다. 열정은 인간력과 함께할 때 강력한 힘을 발휘한다.

열정의 근원은 이념과 신념

마쓰시타 고노스케는 "능력은 60점이면 된다. 중요한 것은 일에 대한 의욕이다"라고 말한 바 있다. 열정의 온도가 사람을 움직이는 힘을 배로 증가시킨다는 의미로 한 말일 것이다.

그렇다면 열정의 근원은 무엇일까? 그것은 신념이자 이념이다. 강한 신념과 올바른 이념이 뜨겁고도 올바른 열정을 만들어낸다.

신념이나 이념과 어긋나는 이론으로도 나름 상대방을 설득할 수는 있다. 하지만 그때는 상대방의 가슴에 호소할 만한 강한 울림이 없다. 토론은 이론을 바탕으로 하는 싸움이다. 그래서 자신이 속으로 믿지 않는 내용일지라도 이론적으로 주장할 수는 있다. 그러나 신념과 이념에 어긋나는 주장에는 마음이 담기지 않는다. 실체가 없다. 그러면 사람을 움직일 수 없다. 이해득실에 관한 계산도 마음이 담기지 않는다는 점에서 똑같다.

열정은 자신의 강렬한 신념, 이념에 의해서만 만들어진다. 신념과 이념이 열기를 북돋는 것이다. 그 열기가 열정의 불꽃이 된다. 사람은 그 열기로 논리와 계산을 뛰어넘어 자극을 받는다. 따라서 신념과 이념이 없는 사람은 타인을 움직일 수 없다.

누가 진짜 인재인지
알아보는 특급 노하우

경영자 시절 직원을 채용할 때 나는 인품을 무엇보다 중시했다. 그 방침은 지금도 옳았다고 확신한다.

존슨앤드존슨에 있을 때 채용했던 사원들을 그 후 십여 년 동안 계속 지켜보면서 나는 다음과 같은 결론을 내렸다.

입사시험 시 보는 필기시험의 결과와 입사 후 그 인물의 승진 사이에는 상관관계가 없다. 지식의 정도를 평가하는 필기시험은 그 사람을 채용할지 말지 판단하는 기준 중 하나는 될 수 있지만, 그걸로 그 사람의 인간성이나 인간력을 평가할 수는 없다.

한편 입사시험 중 면접 결과는 입사 후 그 인물의 승진과 매우 밀접한 관계가 있다. 면접 시에는 주로 인품이나 인간성을 본다. 눈이 빛나는가? 목소리는 활기찬가? 생각은 적극적이고 긍정적인가? 인품이 맑은가?….

내가 내린 결론은 '지식의 양이 많은가'보다 '인품이나 인간성이 좋은가'가 그 인물의 장래에 더 큰 영향을 끼친다는 것이다.

피터 드러커는 "경영이란 사람을 통해 일을 완수하는 행위다"라고 말했는데, 이 말처럼 사람을 통해 결과를 내는 것이 리더의 역할이다.

사람을 통해 결과를 내려면 사람을 움직여야 한다. 좋은 인격과 인품은 덕망의 출발점이다. 따라서 인품이 좋은 사람이 승진에서 한발 앞서가는 것은 당연하다고 할 수 있다.

미국의 사우스웨스트항공에는 다음과 같은 말이 있다. "채용은 인격을 보고 하고, 기술은 훈련을 통해 익힌다." 아무리 기술이 뛰어나도 인격이 신뢰할 만하지 않은 사람은 절대로 채용하지 않는다는 것이 사우스웨스트항공의 철칙이다.

인격의 중요성을 몰랐을 적에는 나도 업무력과 실적이 높아 보이는 사람을 주로 채용했는데, 그 결과 나중에 쓰라린 경험을 여러 번 했었다.

사람을 끄는
얼굴은 따로 있다?

인품을 간파할 때 얼굴은 유력한 단서가 된다. 관상 이론과 비슷하다고 볼 수 있지만 그보다는 사람은 나이가 들면 얼굴에 인격이 나타나게 마련이기 때문이다.

링컨도 대통령에 당선된 후 얼굴을 보고 정부의 각료를 뽑았는데, '마흔 살이 넘으면 사람은 자신의 얼굴에 책임을 져야 한다'는 이유에서였다고 한다.

링컨은 점쟁이가 아니다. 그러나 그에게는 사람을 보는 눈이 있었다. 이때 링컨이 본 것은 흔히 말하는 아름다움이나 추함이 아니었다. 그 사람의 얼굴에서 배어나오는 품성과 열정이었다.

일류라고 하는 사람들은 생김새가 제각각 다르지만 누구 하나 비열한 인상을 갖고 있는 사람이 없다. 사람의 인품은 얼굴에 나타나기 마련인데, 일류들은 모두 인품이 뛰어난 사람들이기 때문이다. 따라서 인품이 뛰어난 사장은 '좋은 얼굴'을 하고 있을 가능성이 높다. 즉 덕망이 있는 사장은 얼굴로 사람을 이끈다고 할 수 있다.

POPULARITY

사장을 위해 무엇이든
하겠다고 마음먹게 하는 법

인간력을 인기와 동일하게 여기는 사람이 많은데, 천만의 말씀이다. 인간력은 정확하게는 덕망을 말한다.

덕망이 있는 사람은 권력이 있는 지위에 앉는 경우가 꽤 많다. 그러나 진짜 덕망은 지위나 권력에서 생겨나는 것이 아니다. 덕망의 원천은 인격이다.

덕망이란 뛰어난 인격자가 갖춘 능력이다. 그래서 단순히 '좋은 사람'은 덕망 있는 사람이라고 할 수 없다. '좋은 사람'이라는 말에는 '호인', '우둔한 사람'이라는 의미가 포함된다. 그러나 우둔한 사람에게 덕망이 있을 리 만무하다. 우둔한 사람은 기본적인 상식과 견식이 부족한 데다 다른 사람에게 쉽게 속는다.

인격이 있는 사람은 '인품이 좋은 사람'이다. 그렇다면 인품이 좋은 사람이란 어떤 사람일까? 대체로 다음의 네 가지를 갖춘 사람이 인품 좋은 사람이라고 할 수 있다.

- 다른 사람을 존중하는 사람
- 다른 사람의 이야기를 적극적으로 경청하는 사람
- 절도를 알고 자기주장을 할 수 있는 사람
- 주위의 칭찬에도 자신을 다스리며 자중하는 사람

'덕은 재능의 주인, 재능은 덕의 노예'라는 말이 있다. 덕이 있는 사람, 즉 인품이 좋은 사람은 지위나 권위에 상관없이, 이해득실에 영향 받는 일 없이 사람들을 움직이게 할 수 있는 사람이다. 주위 사람들이 '그 사람을 위해서라면 무엇이든 하겠다', '그 사람이 하는 말이라면 무조건 따르겠다'라는 마음을 갖게 하고 믿음을 심어준다.

뛰어난 인격자는 덕이 있는 사람이고, 유능한 사람이며, 믿음을 준다. 즉 덕망의 발생지는 이런 다양한 요소를 포함하고 있는 인격이다.

'보이지 않는 손'과
사람의 도덕심

애덤 스미스가 쓴《국부론》은 자유주의 경제철학을 담은 바이블이라 할 수 있다. 이 책에서 애덤 스미스는 경제는 정부의 개입과 제한이 없더라도 자유로운 경제활동에 의해 자연스럽게 불균형이 해결된다고 했다. 그 과정에서 '보이지 않는 손'이 작용하기 때문이라는 것이 그의 주장이었다.

애덤 스미스의《국부론》은 경제활동에 따른 부는 보이지 않는 손에 의해 올바르게 분배되기 때문에 시장의 규칙을 배제하고 철저히 돈벌이를 추구해도 된다고 해석되기 쉽다. 그러나 그는 또 다른 저서《도덕감정론》에서 사람의 마음속에는 도덕심이 있어서 경제활동을 시장에 위임하더라도 부를 고의로 독점하는 일이 없고 자신의 부만 축적하지도 않는다고 주장했다. 그래서 부가 나라 구석구석까지 골고루 퍼진다는 것이다. 즉 보이지 않는 손은 사람의 도덕심에 의해 기능한다는 주장이다.

애덤 스미스는 사람의 도덕심을 믿었다. 그렇기에 시장을 규제하지 않고 자유롭게 경제활동을 하더라도 그것이 부의 불균형을 초래하지 않는다고 했다. 그는 결코 방탕한 경제활동을 허락한 것이 아니다. 오히려 그런 이기적인 경제활동을 부정했다.

애덤 스미스의 시각에서 보면 인격이 비열한 사람은 시장경제에 동참하면 안 된다. 그것은 기업 경영에서도 마찬가지다.

직원은 어떤 기준으로
사장을 평가하고 따를까?

다시 한 번 강조하지만 덕망의 근원은 인격에 있다. 확실히 뛰어난 인격자와 주위로부터 인정받는 사람은 거의 예외 없이 덕망이 있는 사람이다. 그러나 인격은 덕망과 같지 않다. 존경받고 덕망이 있는 사람이 그저 단순히 인격만 훌륭한 경우는 없다.

주위에서 존경받는 덕망 있는 사람은 업무력이 높은 데다가 실적까지 높다. 인물 자체만을 보고 사람을 평가하기란 대부분의 사람들에게 쉽지 않은 일이다. 인물을 정확하게 간파하려면 고도의 관찰력이 필요하고 그 사람이 지닌 내면의 아름다움과 추함까지 꿰뚫어볼 수 있어야 하는데, 보통의 사람들이 그렇게까지 하기는 쉽지 않다. 그래서 사람들은 눈에 보이는 업무력과 실적에 주로 주목한다. 그러다보니 사람들이 평가하는 덕망이란 주로 업무력과 실적, 어렴풋이 드러나는 인격의 총합이다. 즉 덕망을 인수분해하면 업무력, 실적, 인격이라는 세 가지 요소로 나뉜다.

사원의 눈은
정확하고 예리하다

실적은 업무력을 행동으로 옮긴 결과다. 업무력과 실적은 눈에 보인다. 이 두 가지가 좋으면 호평을 받고, 나쁘면 불평을 산다. 그러나 좋은 행위라도 선의에서 나온 것이 있는가 하면, 공명심이나 이익을 위해 계획된 것도 있다.

경제학자 존 메이너드 케인스는 "어떻게 선을 행하느냐보다 얼마나 선한가가 훨씬 더 중요하다"라고 말했다. 선한 것은 주위 사람들의 이해를 얻기가 좀처럼 쉽지 않다. 하지만 본심이 선하지 않은 행동은 그것이 외형상 아무리 선하다 해도 사람들은 반드시 꿰뚫어본다.

특히 직원들은 깜짝 놀랄 만큼 정확하고 깊게, 때로는 심술궂은 눈으로 사장의 세심한 부분까지 지켜본다. 그래서 눈에 보이는 곳만 그럴 듯하게 꾸미면 반드시 간파당하게 돼 있다. 따라서 사장이 덕망을 얻기 위해서는 일과 실적은 물론 인간력까지 충분히 갖춰야 한다.

사장은 인기 있는 사람이 될 필요가 전혀 없다

공명심과 이익을 추구하는 마음에서 나온 선행, 예를 들면 식사를 대접하거나 골프에 초대하는 행위로도 사람의 환심을 살 수는 있다. 하지만 이런 행위를 통해 얻을 수 있는 것은 인기이다. 그러나 사장은 인기 있는 사람이 될 필요가 전혀 없다.

사장의 덕망은 직원에게 잘해주거나 아첨하는 것만으로는 얻을 수 없다. 사장은 때로는 엄중한 결단을 내리기도 해야 하고, 때로는 직원의 잘못된 행동을 엄격하게 바로잡고 단호하게 용서하기도 해야 한다.

'상냥하고 냉정한' 사람과 '엄격하고 상냥한' 사람이 있다. 전자는 직원에게 상냥하지만 '이 직원을 능력 있는 사람으로 키워야지'라는 생각이 없다. 겉으로만 상냥할 뿐이다. 후자는 직원에게 엄격하고 때로는 혼내는 경우도 있지만 속으로는 '이 직원이 같은 실패를 두 번 다시 반복하지 않길 바란다', '이 직원이 훌륭한 사람이 되었으면 좋겠다'라는 애정을 가지고 있다.

덕망이 있는 사람은 온화한 인품뿐 아니라 엄격함도 갖춘 사람이다. 따라서 사장은 경외심이 드는 사람이어야 한다. 신뢰와 존경, 그리고 경외심이 더해져야 대표가 갖춰야 할 인간력의 조건이 완성된다고 할 수 있다. 그런데 인기가 있으면 주위 사람들에게 호감을 얻을 수는 있어도 경외감까지 갖게 하지는 못한다. 인기는 사장의 격에는 맞지 않다. 기껏해야 한 부서의 과장에게나 필요한 것이다.

인간학의 시작은 인간애에서

이 책의 뿌리는 인간에 대한 이해에 있다. 경영이란 업무력을 기본으로 인간학을 추구하는 것이기 때문이다.

인간에 대해 배울 때는 인간의 좋은 면과 나쁜 면을 모두 배워야 한다. 좋은 면은 강한 면이기도 하고, 나쁜 면은 약한 면이기도 하다. 이 세상에는 좋기만 한 사람도 없고, 처음부터 끝까지 나쁘기만 한 사람도 없다. 강함 속에 약함을 숨기고 있기도 하고, 약함을 감추기 위해 겉으로 강경한 자세를 취하기도 한다. 완고함은 때때로 불안이 그 원인이 되기도 하고, 사리사욕을 추구하는 사람은 진심으로 만족하는 일이 없는 사람이기도 하다.

인간에 대해 배우기 위해서는 성공한 사람만 봐서는 안 된다. 자신보다 뒤처지는 사람하고만 어울리는 것도 삼가야 한다. 여러 다양한 사람들을 만나는 것이 인간에 대해 배우는 방법이며 비법이다.

그러나 어떤 경우라도 공통점은 있다. '인간을 배운다'는 것은 좋은 면과 나쁜 면을 모두 받아들이는 태도를 말한다. 이 태도를 '사랑'이라고 한다. 사람을 배우고 사람을 깊이 이해하려면 사람을 받아들이고 감싸 안을 수 있는 커다란 인간애가 필요하다.

BECOMING

A LEADER

사장자리에 오르는
각별한 마음가짐

한 회사를 책임지는 사장이라면 사장자리에 오를 때 가져야 할 마음가짐이 있다.

- 나보다 뛰어난 사람과 어울린다.
- 나보다 뒤처지는 사람에게서도 무언가를 배운다는 마음이 중요하다.
- 보상을 바라지 않는다. 설령 배신당한다 해도 거기서 귀중한 교훈을 얻을 수 있다. 베푼 후 그 결과로서 돌아오는 것은 신의 몫이다.
- 무용(無用)과 무익(無益)을 가볍게 보지 않는다. 가령 책을 예

로 들면 경영서, 실무서 등의 유용한 지식은 물론 언뜻 보기에
는 무용한 듯한 역사, 문학, 고전 등의 교양도 배우고 익힌다.

- 다른 사람의 이야기는 적극적으로 경청한다. 귀 기울이는 사
  람에게는 기쁜 일이 있을 것이다.
- 직언, 쓴소리, 충고는 환영한다. 이는 신이 당신을 구원하기
  위해 다른 사람을 통해 들려주는 말이다.
- 인간애를 잃지 않는다. 그 인간애에는 고객, 직원, 직원의 가
  족, 거래처, 회사, 사회, 세계에 대한 사랑이 포함된다.
- 결탁하거나 서로 속이는 등 해서는 안 될 사랑은 멀리한다.
- 서로 기뻐하고 격려하며 나누기를 생활화한다.

이렇듯 사장자리에 오르는 사람이 재능, 즉 업무력보다 인간
력을 먼저 갖출 때 사장 자신의 꿈이 실현되는 것은 물론 기업의
지속 가능성이 확보된다.

옮긴이 박재영

서경대학교 일어학과를 졸업했다. 출판, 번역 분야에 종사한 외할아버지 덕분에 어릴 때부터 자연스럽게 책을 접하며 동양권 언어에 관심을 가졌다. 번역을 통해 새로운 지식을 알아가는 데 재미를 느껴 번역가의 길로 들어서게 되었다. 분야를 가리지 않는 강한 호기심으로 다양한 장르의 책을 번역, 소개하고자 힘쓰고 있다. 현재 번역 에이전시 엔터스코리아의 출판 기획자 및 일본어 전문 번역가로 활동하고 있다.

옮긴 책으로는 《1인 기업을 한다는 것》 《중국발 세계 경제 위기가 시작됐다》 《성공한 사람들은 왜 격무에도 스트레스가 없을까》 《경제학에서 건져 올리는 부의 기회》 《YES를 이끌어내는 심리술》 《부자의 사고 빈자의 사고》 《덴마크 사람은 왜 첫 월급으로 의자를 살까》 등이 있다.

사장자리에 오른다는 것

초판 1쇄 발행	2020년 8월 3일
초판 3쇄 발행	2023년 6월 5일
지은이	아타라시 마사미
펴낸이	정덕식, 김재현
펴낸곳	(주)센시오
출판등록	2009년 10월 14일 제300-2009-126호
주소	서울특별시 마포구 성암로 189, 1711호
전화	02-734-0981
팩스	02-333-0081
전자우편	sensio@sensiobook.com
표지디자인	Design IF

ISBN 979-11-90356-70-1 03320

이 도서의 국립중앙도서관 출판예정도서목록(CIP)은 서지정보유통지원시스템 홈페이지(http://seoji.nl.go.kr)와 국가자료공동목록시스템(http://www.nl.go.kr/kolisnet)에서 이용하실 수 있습니다. (CIP제어번호 : CIP2020026994)

잘못된 책은 구입하신 곳에서 바꾸어드립니다.

소중한 원고를 기다립니다. sensio@sensiobook.com